「なぜ?」からはじめる生徒指導シリーズ

なぜ指導がうまくいかないのか

責任編集 北澤 毅／吉田 順／寺崎 賢一／滝澤 雅彦
吉田 順 嶋﨑 政男／瀬田川 聡／片山 紀子

学事出版

刊行にあたって

　本シリーズは、児童・生徒指導上の「なぜ？」を追究することから、指導方針や指導方法がつくれるようになることをめざしたものです。

　児童・生徒指導（以下、生徒指導）が得意になるには、この指導方針や指導方法が的確につくれるようになること大事です。

　ところが、うまくいった他人の生徒指導の真似をしても、どんなに高尚な理論を学んでも、つくれるようにはならないでしょう。

　生徒指導の世界には、「こう指導すれば、子どもは必ずこうなる」という正解がないからです。10人の子どもがいれば、指導方針（方法）も10通り必要になってしまいます。

　しかし、「なぜ？」を追究することにより、自校の生徒指導の「方向性」が見つけやすくなり、個々の子どもたちに的確な指導方針（方法）を「見立てる」ことができます。

　本シリーズは「方向性」や「見立て」の拠り所となる「考え方」を知ることをめざしたものです。

　　　　　　　　　　　　吉田　順（責任編集）

はじめに
~指導がうまくいかないのは理由がある~

"言説"や"流行"に惑わされると、うまくいかない

「生徒指導」の世界にはもっともらしい「言説」があります。「わかる授業こそが、学校の荒れを克服する」「心に寄り添うことが生徒を変える」「教師の毅然と一致した指導が学校を変える」などは、誰でも一度は聞いたことがあるでしょう。

あるいは「〇〇方法による生徒指導」「新しい生徒指導」「これからの生徒指導」と称する数多くの理論も流行していますから、実践したこともあるのではないでしょうか。

それぞれ一面の真理を言い当ててはいますが、言うまでもなく「生徒指導」は人間を対象とする教育活動ですから、「こうすれば、必ずこうなる」というものがありません。

そのため、言説や流行に頼って指導がうまくいかないと、また次の新しい言説や流行の理論に頼ることになります。こうして、教師は熱心であればあるほど、これらの言説や流行に惑わされ迷います。迷いはストレスを溜めます。

これがうまくいかない理由の1つです。

いまや一人の教師の努力だけでは、うまくいかない

　２つ目の理由は、名人芸のような生徒指導やカリスマ教師の生徒指導を学ぼうとして、「チーム」で生徒指導に取り組む体制をつくらないからです。多くの教師が知恵を出し合い支え合うことによって、粘り強い指導が可能になります。

　第１章と**第２章**では、今日の学校が抱える最大の問題として当然視されている「いじめ問題」を歴史社会学的に検討し、実際の学校現場の「いじめ問題」を明らかにします。すると、これまでのいじめの対応が間違っていることがわかります。

　第３章では、今日の学校現場になくてはならない「チーム」として取り組む生徒指導をどう築くかについて述べています。

　第４章は、学校現場では「厳しい指導」か「心に寄り添う指導」かなどと、生徒指導と教育相談の対立的関係が起きます。その対立の原因はどこにあるのかを明らかにすることによって、両者の必要性を説きます。

　第５章は、学校現場の「難問」である、どんなに説論しても解消されない問題行動にどう対応すべきかです。「法的対応」と「懲戒制度」の観点で考えます。学校が落ち着いている時に知っておかなければいけません。

「なぜ?」からはじめる生徒指導シリーズ

なぜ指導がうまくいかないのか
〜これまでの生徒指導の「考え方」を見直す〜

もくじ

刊行にあたって　3
はじめに　〜指導がうまくいかないのは理由がある〜　4

第1章 なぜ「いじめ問題」はなくならないか
「いじめ」と「苦痛」を切り離すための歴史社会学的考察……7

第2章 なぜ「いじめ対応の力」ではなく、「生徒指導の力」が必要なのか……31

第3章 なぜ「チーム学校」なのか……55
1. 「チーム学校」のための「生徒指導体制」の確立……58
2. MFCチームワーク指導のすすめ……65
3. 「チーム学校」のかなめとしての管理職……72

第4章 なぜ「教育相談」は生徒指導に混乱を招いたか……79

第5章 なぜ「法的対応」と「懲戒制度」の確立が必要か……103
1. 警察との連携から考える法的対応……106
2. 懲戒制度の確立が問われている……116

第1章

なぜ「いじめ問題」はなくならないか

「いじめ」と「苦痛」を切り離すための歴史社会学的考察

北澤 毅

本章で知ってもらいたいこと

　いま、「いじめ問題」は学校教育の最大の課題となり、子どもに何かがあると「いじめはなかったのか」「いじめとは思わなかったのか」などと、マスコミを中心に教師や学校は責め立てられます。これが学校現場に負の影響を与えています。

　関東の小学校に勤務する30代の教師の話です。

　「親も教師も管理職も『いじめ』には、みんなピリピリして子どもに何かがあると、親や他の教師や管理職から『いじめじゃないのか』と聞かれます。まだ詳しい事情もわからないうちに、管理職からは「もたもたせずに、すぐに被害者を家庭訪問して『いじめとして指導にあたります』と伝えなさい」と言われたかと思うと、加害者とされている親からは『うちの子にも言い分があるのに、一方的だ』と非難され、はては同僚から「あれって、本当にいじめなの？」と言われ、もう混乱の渦中で困っています」

　関西のある中学校教師もこう嘆きました。

　「私は生徒指導主任になって３年目ですが、学校はさまざまな問題を抱えていて苦労しています。ところが、

この1年間は『いじめ問題』に振り回され続けました。勤める学校で『いじめ』が起きて忙しいのなら当然ですが、そうではありません。『いじめ研修会』と称する研修会が数多くあり、いじめの理解や定義、対応について繰り返し学んだりしましたが、何か学校の実態にそぐわない内容ばかりでした。しかも、いじめを見逃さないために学校長には何でもかんでも詳細に文書で報告するので、莫大な負担です」

　教育社会学者の中には、「1980年代半ばに、ある種のトラブルを『いじめ』という新しい枠組みのもとに捉える言説が成立した」と主張している人たちがいます。
　つまり「いじめ問題」というのは、新しく起きた問題ではなく、既に起きていたある種のトラブル（例えば、暴力やからかいなどの嫌がらせ）が「いじめ」という新しい捉え方に変わったものに過ぎないと言います。
　この主張には「なぜ、『いじめ問題』はなくならないか」という答えが潜んでいます。
　本章で「いじめ問題」の存在そのものを問い直すことによって、従来のいじめ対応から転換する入り口に入ることができます。

　　　　　　　　　　　　　　　　　吉田　順

いじめ問題解消法──自殺の原因とは何か

　近年、「いじめ」問題はますます混迷の度を増しているように思います。「いじめ」問題が社会的に注目され始めてからすでに30年以上が経過しますが、「いじめ」問題解決への道筋は相変わらず見えてきません。

　「いじめ」問題の最大の悲劇が「いじめ自殺」問題であることに異論はないと思います。だからこそ自殺の原因としての「いじめをなくせ」「早期発見・早期対応が重要だ」という主張になるわけです。そしてこれまで、実に多様ないじめ対策が実施されてきたわけですが、このような考え方や対策には大きな落とし穴があるように思えてなりません。

　どういうことかといいますと、「自殺の原因はいじめである」という場合の「原因」とは何かということです。少なくとも、「いじめと自殺」の間には、「酸素がなくなれば蝋燭の火が消える」と同じような意味での因果関係は成立していません。なぜなら、酸素と蝋燭の火との関係は必然的な因果法則であるのに対し、「いじめ」から「自殺」までの間には、自死を試みる人が自分の経験を「いじめ」と捉え「いじめは自死に値する苦しみである」と捉えるという、二重の意味での解釈行為が介在しているはずだからです。そうでなければ、「いじめを苦

に自殺をする」ことができません。言い換えれば、自分の経験を「いじめ」と捉えなければ、あるいは「いじめ」と捉えたとしても「いじめ苦は自死に値する」と考えなければ、「いじめを苦に自殺する人はいなくなる」ということです。こうして、少なくとも論理レベルでは、実に簡単に「いじめ問題」は解消可能となります。しかし現実世界では、「いじめ自殺」も「いじめ問題」もなくなる気配がありません。なぜでしょうか。

　この謎を解明するために、「いじめ」とは何か、「いじめ自殺」とは何か、という最も基本的な問いに戻って考え直すことで、「いじめ問題」解決への新たな道筋を探りたいと思います。

「いじめ」問題とは何か
―「いじめをなくせ」という主張の意図せざる結果

　「いじめをなくせ」と言えるためには「いじめが存在している」ことが前提となります。何を当たり前のことを言っているのかと思うかもしれません。確かに、誰が見ても「いじめだ！」と言える場合もあるでしょう。しかし反対に、「いじめは見えにくい」という考え方も根強く存在していますし、「いじめとごっこ遊び」とを明確に区別できない難しさを、教師たちは学校現場で感じているのではないでしょうか。とはいえ、識別できない

のは教師に力量がないからだ、と言いたいわけではありません。そうではなく、そもそも「いじめ」という言葉に正確に対応する行為が明確な形で存在しているわけではないということです。少し遠回りになりますが、ここから話を始めたいと思います。

　この問題をより一般化すれば、言葉とモノやコト（出来事と言っても良い）とはどのような関係にあるのかということになります。例えば、日本語を母語とする私たちの日常世界では、「みかん」や「鉛筆」という言葉とその指示対象とはほぼ一致します（ここでの一致も厳密なものではないのですが話を先に進めます）。そして、言葉とモノとの一致という経験的事実を長い時間をかけて積み重ねることで、私たちは「モノは実在する」という確固たる信念を抱くようになります。そしてこの信念を人間の行為や出来事にも適用することで、「いじめ」の実在を信じ「いじめをなくせ」と主張することに何の疑いも持たなくなります。

　しかし、「いじめ」という言葉は、特定の行為や出来事を指し示しているわけではありません。無視する、からかう、じゃれあう、殴る、持ち物を隠すなどなど、様々に名付け可能な行為をまとめる言葉として「いじめ」は使われているように思います（「からかう」や「じゃれあう」も、「いじめ」と同じく明確な指示対象を持つ言葉ではありませんが、ここでは「いじめ」に焦点化し

て議論しています)。言い換えれば、「これがいじめだ」と誰もが言い当てることができるようなかたちで、「いじめ」という行為が実在しているわけではないということです。そうではなく、その時々の生徒たちの何らかのやりとりに、誰がどのような言葉（無視、からかい、いじめ等）を適用し意味づけするかという、生徒たちと教師をはじめとした他者たちとのやりとりのなかで、「いじめ」や「プロレスごっこ」などの「事実」が作られるということです。

　ここで重要なのは、私たちの身の回りで起きる出来事の多くは、いつが始まりでいつが終わりかがよくわからない連続的な流れの中で進んでいるということです。ですから、絶えず進行している流動的な出来事の流れの中のどこをどのように切り取りいかなる文脈の中に位置づけて語るかによって、「現実」の見え方は多様に変化します。だからこそ、「現実の構成のされ方」を解明することが決定的に重要となるわけです。

　こうして、いじめの実在論から相互行為論へと視点を転換させることで何が見えてくるのか、そうすることが「いじめ問題」解決にいかに役立つのかを明らかにすることが本稿の目的になります。そのために、過去の「いじめ自殺」事件に立ち返り、事件の成立経緯とその特徴を検討していきたいと思います。

「いじめ問題」成立前夜の子どもの自殺

1．動機とは何か

　犯罪や自殺が起きれば、「なぜ、どうして」と、犯罪者や自殺者の動機を問いたくなります。その時「動機」とは、その行為を導く行為者の内面状態と考えられていますが、ここでは発想を転換し、「どのような時に動機が問われるか」を考えてみたいと思います。そうすると、何か普通でないことが起きた時、ということに気づくと思います。そこから導かれる命題が、「動機とは、何か普通でない出来事を理解可能とする言葉（＝動機の語彙）である」という考え方です。ここで重要なのは、「お金が欲しくて盗みに入った」といった動機は理解可能ですが、「太陽がまぶしいから人を殺した」といった動機は受容しがたいということです。もしかしたら犯人は、「本当に太陽がまぶしくて」殺人を犯しそのように主張しているのかもしれませんが、私たちの社会は、そのような動機を基本的には認めることはありませんし、犯人は精神異常者と診断される可能性が高いと思います。

　動機についてのこのような考え方を踏まえるならば、自殺の動機とは、子どもの自殺についての社会の理解の仕方を示す制度化された語彙であり、それゆえ社会が変われば動機の語彙も変わると考えることができます。だ

からこそ、「いじめ」が自殺の動機として成立したのはいつなのかという問いが生まれてきますし、その意味で、大阪府高石市の中学生自殺事件の報道のされ方が注目に値します。

2．高石市事件の初期報道—自殺原因をめぐる攻防

1980年9月16日、大阪府高石市で中学1年生が自殺をしています。朝日新聞は、「中一の子の自殺原因、親が調査　同級生に脅されて　殴られ"金策"に困って」（1980.9.27）という見出しのもと、本文では、警察は当初、「気の弱い"いじめられっ子"の自殺」という見解を表明したが、遺族が「そんなささいなことで死ぬような子ではない」と考え独自調査をした結果、「恐喝」の事実をつきとめたと報じています。

この新聞記事の中には、注目すべき論点が二つあります。一つには、「"いじめられっ子"の自殺」に「気の弱い」という修飾語が追加されていることです。ここには、「いじめ」だけでは自殺の原因としては弱く、「気の弱い」という性格特性があったからこそ「自殺したのだ」とする警察判断が働いているように思います。そして第二に、遺族もまた「いじめ」といったささいなことで自分の子どもが自殺するはずはないと考え独自調査をした結果、「恐喝」の事実をつきとめたとされていることです（読売新聞は「自殺の原因はリンチ」（1980.9.27）、毎日新聞は「中一の自殺原因は学校暴力」（1980.9.28）とい

15

う見出しを掲げています)。

　ここから重要な仮説が導けるのではないでしょうか。つまり、警察も遺族も、「いじめ→自殺」の結びつきを直接的な因果関係としてではなく、「いじめ」と「自殺」との間に、「気の弱い」や「恐喝」など、当時の社会において「自殺」を了解可能とする要因を媒介させることで、子どもの自殺という不条理を理解し受け入れようとしていたのではないかということです。それはつまり、「いじめ」単独では自殺の原因(それゆえ「動機の語彙」)とみなされていなかった、言い換えれば、1980年当時の日本社会においては、まだ「いじめ問題」は成立していなかったのではないかという仮説です。そしてその後、この事件は劇的な展開を見せることで、「いじめ自殺」問題の先駆け的事例としての地位を付与されることになっていきます。

３．「校内暴力自殺」から「いじめ自殺」へ
──高石市事件の理解枠組みの転換

　まずは、新聞記事の一節を紹介したいと思います。

　「Ｔ君の自殺後、Ｍ教諭がクラス全員に行った調査では、38人中7割近くが、なんらかの形で、Ｔ君がいじめられていたことに気づいていたことがわかった」。

　現代を生きる私たちがこの記事を読めば、まず間違いなくＴ君は「いじめを苦に自殺をした」と理解するのではないでしょうか。しかし、この記事の見出しは「"校

内暴力"12歳（中一）の自殺」であり、リード文のなかにも「校内暴力が背景にあった今回の自殺事件」と書かれています（読売新聞：1980.10.28）。これこそが、1980年9月に発生した高石市事件についての、当時の社会の理解の仕方だったということです。この事実は、「いじめ問題とは何か」を考えるうえできわめて重要な問いを投げかけていると思います。

さて、ここで紹介した一節は、事件発生からおよそ1カ月後の読売新聞夕刊の特集記事の一部です。この特集のなかには、「死を思いつめるほど、校内暴力が横行していた」という表現があると同時に、T君がM教諭に「四人からいじめられている」と訴えていたことやアンケート調査結果が紹介されています。

このように、読売新聞の特集記事は、今から振り返れば、典型的な「いじめ自殺」と理解可能な自殺事件が、当時は、「校内暴力」が背景にあった自殺とみなされていたことを示す貴重な記録です。そして翌年（1981年）、遺族側が民事訴訟を提起したことを報じる見出しも「校内暴力わが子を奪った」（朝日新聞：1981.5.20）ですので、依然として「校内暴力」が生徒の自殺を理解する枠組みとなっていたことが確認できます。

ところが、5年後に和解が成立した時の見出しには、「『いじめで自殺』の中学生　加害者家族にも責任」（朝日新聞：1986.4.1）と、「いじめ自殺」という言葉が使わ

れています（同日の毎日新聞見出しは「いじめ自殺に慰謝料」。読売新聞は記事なし）。そして本文記事冒頭では「いじめを苦にした小中学生の自殺が深刻な社会問題になっている中で、先がけ的な裁判として注目されていた大阪府高石市の中学生自殺損害賠償訴訟」（傍点筆者）と、「いじめを苦にした自殺が社会問題になっている」という現状認識が表明されています。

　自殺直後や１年後の民事提訴段階の報道では、リンチや校内暴力が原因での自殺とされていた事件が、1986年４月１日の和解成立時の報道では「いじめ自殺」となっているわけです。つまり、同じ事件についての理解の枠組みが、数年の間に劇的に転換したことになるわけですが、なぜこのようなことが起きたのでしょうか。

　実はここにこそ、「いじめ」が「自殺」と結びつき「いじめ問題」が成立する経緯を解読する鍵があります。その時重要なのは、この数年間で変化したのは、決して「いじめの実態」などではなく、「いじめ」や「子どもの自殺」についての私たちの理解の仕方なのだということです。では1980年代前半の日本社会で、子どもの「いじめ」や「自殺」をめぐってどのような変化が起きていたのでしょうか。

４．「いじめ問題」の成立条件

　1980年代前半の教育問題の主役は少年非行や校内暴力であり、「いじめ問題」はほとんど注目されていません

でした。とはいえ、そうした時代状況の中でも、今から思えば「いじめ自殺」と思われるような自殺報道がいくつか存在しています。

　例えば、1979年9月9日に埼玉県上福岡市（現、ふじみ野市）で発生した中学1年生の自殺はかなりの注目を浴びました。読売新聞は1979年9月10日の社会面で「中一少年"死の抗議"」「いじめられる学校いやだ」という見出しで大きく報じていますし、生徒が「いじめ」を苦に自殺をしたと推測させるに充分な報道といえます。それ以外にも、「いじわるに耐えられず　坂戸　自殺の中一生に遺書」（朝日新聞：1983.5.12）、「校内で中二自殺　静岡　斜頸症からかわれて」（読売新聞：1984.1.24）といった記事を見つけることができ、1980年代前半時点で、すでに子どもの世界では「いじめ苦」が自殺の動機となっていた可能性があるように思われます。しかしながら、ここには確認しておかなければならない重要な論点があります。

　例えば、上福岡市のA君は、自殺する3カ月前に自殺未遂事件をおこしていますが、その時に「Bなどにいじめられて」という内容の遺書を書いていたようです。しかし、だからといってこの事件を、「いじめ自殺」の先駆的事例と位置づけるのは早計すぎるというのが本稿の見解です。そう考える理由は二つあります。

　まず第一に、A君は、自分の経験を「いじめ」と理解

したから自死にいたったというよりも、自死を試みるほどの苦しい経験に名前を与えようとした時に、「からかい、無視、金銭強要、暴行」などいくつか適用可能な言葉のなかから「いじめ」を選択し、「Bなどにいじめられて」と表現したのではないかということです。このことと「いじめ自殺」との間には決定的な違いがあります。

なぜなら、「いじめ」が自殺の動機の語彙として機能する社会とは、自分の経験を「いじめ」と捉えることが「いじめ→自殺」を駆動させる可能性を持つことを意味しますが、A君の生きた社会には、そのような意味での動機の語彙はまだ成立していなかったと考えられるからです。

このことを子どもの自殺を報道する側から見れば、1980年前後の日本社会は、自殺という結果の重大性に注目していたとはいえても、自殺の動機が「いじめ」であることに注目していたわけではないということです。これが第二の理由ですが、高石市事件に象徴されるように、恐喝や本人の性格など、多様な要因によってもたらされた例外的な悲劇として理解されていたのではないかということです。実際、A君の自殺も、1980年代に入ると、「民族差別や教育の荒廃がもたらした悲劇」という文脈のなかで報じられていくことになります。

少なくとも、当時の日本社会では、「いじめ」単独で自殺の動機になりえるとは考えられていなかったように

思われます。これは、「いじめ問題の成立」経緯を考えるうえで最も重要な論点ですので、子どもの自殺をめぐる新聞報道をさらに検証することで、その意味するところを明確にしたいと思います。

「いじめ問題」の成立
─転換点としての水戸市中学生自殺事件

　「いじめ」が自殺の動機となりえる社会の誕生という意味での「いじめ問題」の成立時期は、これまでの新聞報道分析を通して、1980年代半ばではないかという見通しを示してきました。しかし、「1980年代半ば」というだけでは曖昧過ぎますので、いつ何が起きたことで「いじめ問題」が成立したと言えるのかをはっきりさせたいと思います。そうでなければ、子どもたちの苦悩のメカニズムも「いじめ問題」解決への道筋も示すことができないと思うからです。その意味で次に注目したいのは、1985年に発生した水戸市の中学生自殺事件です。

1．水戸市中学生自殺事件はいかに報じられたか
　「今から思えば、あの時こそ分岐点だった」と思えるような出来事が、個人の人生においても社会の流れにおいてもあるのではないでしょうか。その意味で、1985年1月21日に発生した茨城県水戸市の中学生自殺事件こそが、「いじめ問題」成立の歴史的転換点に位置づくよう

に思えてなりません。ただしそう言えるのは、事件そのものの特徴によってではなく、事件の報道のされ方によってであるという点が重要です。それはどういうことかを、当時の新聞やテレビの報道内容を分析することで明らかにしたいと思います。

　まず注目したいのは、「死を呼ぶ"いじめ"」という刺激的な見出しを掲げて本事件を報じた朝日新聞の記事の作り方です（1985年1月23日朝刊社会面）。「死を呼ぶ"いじめ"」という見出しのもと二つの自殺事件が報じられていますが、そのうちの一つが水戸市の事件です。リード文には、「『もういじめないでね……』という遺書を残して」から始まり「同級生のいじめやいやがらせに苦しんでいた」と書かれています。加えて、本人の顔写真と「ばか、しね」などと落書きされた教科書の写真が掲載されていますので、読み手に「いじめ自殺」と思わせるに充分な内容となっています。もう一つは、岩手県の中学生の自殺です。ただし、「岩手では男生徒」という中見出しの下に小さな文字で「『えん世』の見方も」と断り書きがしてあり、本文中でも、「いじめ自殺」という断定を回避する記述スタイルになっています。

　つまり、本文を読めば、二つの自殺事件の報道内容がかなり異なることがわかるのですが、「死を呼ぶ"いじめ"」という見出しのもと二つの自殺事件を報じる記事が左右に割り付けられているという紙面構成それ自体が、

「二つの自殺事件を『死を呼ぶ"いじめ"』という見出し（＝文脈）のもとで読め」というメタ・メッセージとして機能しているように思えます。さらに第二社会面では、「学校『知らぬ』間に陰湿化」という見出しのもと、教育評論家の「水戸も岩手も（…中略…）いまのいじめの典型的なケースです」という発言を紹介し二つの自殺事件を関連させようとしています。

　このように、二つの自殺を報じる記事のレイアウトや識者コメントの紹介の仕方という紙面の作りの方のなかに、「いじめ」と「自殺」を接合させることで「いじめ問題」の深刻さを印象づけようとする朝日新聞の報道姿勢がはっきりと読み取れるわけです。

　それに対して毎日新聞は、見出しに「いじめ？中２女子自殺」（1985.1.23）と、「いじめ」に疑問符をつけていますし、本文のなかでも自殺の動機には触れていません。そして読売新聞は、そもそもこの自殺事件を報道さえしていません。

　ここから、少なくとも二つの疑問が浮かびあがります。第一に、なぜ朝日新聞はこのようなメッセージ性の強い報道をしたのかということです。そして第二に、新聞社によってこれほどまでに報道姿勢が異なっていたのはなぜかということです。この二つの問いに答えることが、「いじめ問題」成立過程を明らかにするうえでの突破口となるのです。

2．水戸市中学生自殺事件の謎

　水戸市事件の報道をめぐる謎は、朝日新聞があれほど大きく報じた事件を読売新聞はまったく報じていないのはなぜかということですが、そこにはかなり明確な理由があったように思われます。といいますのは、事件発生当時、朝日新聞が報じた「もういじめないでね」（このメモ内容については、NHKも「おはようジャーナル」などで繰り返し報じています）という言葉が存在したかどうかが確認できず、「いじめ自殺」と言えるかどうかは不明とする判断が働いていた可能性があるからです。

　例えば、見出しに「いじめ？中2女子自殺」と疑問符をつけた毎日新聞には続報がありません。また、事件発生直後に報道しなかった読売新聞は、およそ3カ月後に関連記事を掲載し、メモのなかに「『いじめられた』という文面はない。が、いじめを想像させる内容である」（傍点筆者）と、はっきりと「ない」と書いています（1985.5.2）。

　そうしたなか最も注目されるのは、サンケイ新聞社の動きです。サンケイ新聞は、1月23日の第一報で、「原因は"いじめ"」という見出しを掲げ、本文中で、自室の通学カバンの中にあったメモに「もういじめないでね」という言葉が書かれていたと報じていました。しかし、事件から1年後の1986年2月に刊行されたサンケイ新聞社会部取材班の著書のなかでは、水戸市事件につい

第1章　なぜ「いじめ問題」はなくならないか

てまったく異なる見解が表明されています。

　「『もういじめないでね』というメモを残して少女は自殺した──と新聞やテレビは報じた。…中略…。これほどストレートにいじめを自ら"告発"して命を絶った例はない。少女の"一言"は臨時教育審議会でも取りあげられ、いじめが社会問題化するきっかけともなった。しかし、結論から先にいえば、メモには『いじめ』の字はなかったようだ」（サンケイ新聞社会部取材班『僕、学校が怖い──子供を蝕む「いじめの構造」』1986：56）。

　このような重大な指摘をしたうえで、メモに「もういじめないでね」という表現がなかったとする根拠について説得的な議論を展開しています。その詳細は省略しますが、ここで注目したいのは、朝日新聞やNHKが「ある」と報道していた言葉を、読売新聞とサンケイ新聞社会部取材班は「ない」と主張しているというこの分裂状態です。
　「では、本当はどうだったのか」。それこそが最も気になる点かもしれませんが、本稿で注目したいのは社会の動向です。まず最初に、朝日新聞やNHKが、本事件を「いじめ自殺」事件として繰り返し報道することで「いじめ問題」の深刻さを訴え続けたということ、それに続いて、本事件についての判断を留保していた毎日新聞や

読売新聞も徐々に「いじめ問題」報道を過熱させていったことに注目したいと思います。さらには、マスメディアの動きに呼応するかのようにして、警察庁や文部省などの公的機関が「いじめ実態調査」や「いじめ対策」を初めて実施するようになり、それをまたマスメディアが大きく報道するという、「マスメディア報道→公的機関の対応→マスメディア報道」という循環構造が形成されていったことです。

　このように、マスメディアの加熱報道と公的機関の対応とが相互に影響を与え合うことで大きな社会的うねりとなり、「いじめ」が社会問題化していきました。その意味で水戸市中学生自殺事件は、何か（ここでは「いじめ」）が社会問題化するのは、その何かが深刻な問題であるかどうかとは必ずしも関係なく、その問題に社会がどのように反応するかが決定的に重要となることを示す格好の事例になっているということです。

　ところで、「初めて」と強調点を付したことにも注目して欲しく思います。といいますのは、文部省などの公的機関が「いじめ」の実態調査を初めて実施したり、警視庁が初めていじめ相談窓口を設置したということは、公的機関が、その時期に「いじめ問題」に初めて関心を持ち始めたことを示す重要な証拠と見なせるからです。そしてだからこそ、1985年に「いじめが社会問題化した」と言えるわけです。

「いじめ問題」からの解放を求めて

1．社会問題とは何か

　社会問題の起源をたどれば、最初の一歩は、どこかで何かが起きた、誰かが何かを主張した、ということから始まっています。それこそ世界の至る所で、いつでも何かが起きています。その時決定的に重要なのは、その出来事に注目する他者が現れるかどうかです。そこから始まり、何かのきっかけでマスメディアなどで紹介され定型化された物語の一事例（例えば「いじめ自殺」「衝動殺人」など）として語られるようになれば、社会的に意味のある出来事として流通する可能性が高まります。

　子どもが自殺をするというのは、家族をはじめとした近しい人たちにとっては大きな悲劇ですが、その悲劇性は私的な性格のものです。しかし、その自殺が「いじめ自殺」としてマスメディアで報道されれば、一気に社会的に注目される可能性が高まります。いわば、私的あるいは特定地域の問題とみなされていた出来事が「日本社会の問題」に変質するということです。

　このような考え方をする時に重要なのは、子どもたちもまた「いじめが社会問題となっている」現代日本社会を生きているということです。いつの時代の子どもたちも、同世代との付き合いのなかで様々な経験をしている

はずです。たとえ仲の良い友達同士でも対立することはあるでしょう。その時、決定的に重要なのは、自分の経験をどのような言葉で理解するかです。「無視された」「けんかした」「仲直りした」など、実に様々に表現可能ですが、もし「いじめられた」と捉えるなら、「いじめは自死に値する苦しみである」という物語に呪縛され身動きがとれなくなる恐れが生まれます。これこそが、現代日本社会の特徴ではないでしょうか。

2.「いじめ問題」の規範力

　2012年7月に、大津いじめ自殺事件報道が過熱してから現在まで、ことあるごとに「いじめ」問題が報道され続けています。こうした社会状況を生きている現代の子どもたちは、何かちょっと嫌なことをされたとしても「いじめられた」と感じる可能性が高まるのではないでしょうか。この時こそ、早期発見・早期対応のチャンスとも言えますが、同時に、「いじめ物語」に囚われ「いじめ苦は自死に値する」と考え自殺するリスクも高まります。しかも、「いじめ苦」で子どもが自殺したとなれば、またもやマスメディアが大きく報道することで、「いじめ物語」がますます強固となり人々を呪縛していく恐れがあります。このような悪循環ループが30年以上も続いているのが日本の現状ではないでしょうか。

　もちろん、こうして作られた「社会問題」はいずれは消滅するでしょう。しかしいつ消滅するかは誰にもわか

りませんし、それまでは私たちの考え方や行動の仕方を拘束する力を持ち続けることになります。その意味で「社会問題」とは、規範的な力を持つ一種の物語なのだということを強調しておきたいと思います。

3．「いじめ問題」成立史を理解することの意義

　最後に、「いじめが原因で自殺をした」という考え方の危うさをもう一度確認しておきたいと思います。顔を殴られれば痛いでしょうし腫れ上がったり出血するかもしれません。殴られたから痛いというのは、酸素がなくなれば蝋燭の火が消えるのと同じく、物理的な因果法則です。しかし、「いじめが苦しくて自殺をする」というのは物理的因果法則ではありません。私たちの社会は、「いじめをなくしたい」と願いつつ、これまで様々な取り組みをしてきたわけですが、そうした取り組みそれ自体が、意図せざる結果として「いじめ物語」を作り再生産し、結果として「いじめ自殺」という悲劇を生み出すことに手を貸してしまっているのではないでしょうか。

　この結論から導かれる「いじめ問題」解決のための目標は、「いじめ物語」の呪縛から子どもたちを解放せよ、という一言に尽きます。そのための有力な方法の一つは、本稿で論じた「いじめ問題」成立の歴史を子どもたちに語ることです。「いじめ問題」の成立過程や、いじめ苦が自死と結びつくメカニズムを理解できるようになれば、すでに物語の呪縛からの解放へと踏み出していると言え

ます。なぜなら、「理解する」ことこそが、自分の現在を相対化する第一歩だからです。

　もちろん、「いじめ問題」成立史を理解する試みは、「いじめ問題」を解体するための可能な一つの選択肢であって正解ではありません。というより、「いじめ問題」をはじめとした社会問題対策に正解などありません。しかし、いじめが社会問題化してから30年、依然として解決への道筋が見えてこないのはなぜかを、本稿の議論を手掛かりにもう一度考え直して欲しく思います。

　もちろん、学級という集団がいじめを生み出しているのだから学級集団を解体すべきだという提案にも一定の説得力があるでしょう。いじめられたら学校に行かなければ良いというのも、理屈としては誰でも理解できます。しかし、制度はいつ変わるかわかりませんし、転校や不登校という選択は、本人ばかりか家族にとっても重い決断になりますからなかなか踏み出せないと思います。いやそれ以前に、子どもがいじめられて苦しんでいることに気づけるとは限らないということを、私たちはもう充分に理解しているはずです。

　だからこそ今この時に、「いじめられて苦しい」と感じている子どもたちを救うための可能な一つの方法として、「いじめ問題」成立の歴史を子どもたちに語りかけるという新たな教育実践を試みて欲しいと思います。

第2章

なぜ「いじめ対応の力」ではなく、「生徒指導の力」が必要なのか

吉田　順

本章で知ってもらいたいこと

　第1章によって、いま「いじめ問題」として騒がれている問題は、「いじめ」ではなく、暴力、暴言、集団無視、からかい、冷やかし、悪口、嫌がらせ行為などの昔からあった、思春期特有の問題であることがわかりました。

　別の言い方をすれば、例えば、からかいや悪口の指導が的確にできない教師がいたら、それらを「いじめ」と判断したとしても、やはり指導はできないということになります。

　それどころか、「いじめ」として判断しなかったために、指導が放置される可能性がより高くなってしまうことになります。「いじめ」であってほしくない、「いじめ」ならば「指導が面倒になる」という心理も働き、判断を避けてしまうことが起きるからです。

　さらに「いじめかどうか」の判断自体は、ほとんど意味がないのです。校内で起きるトラブルで、「苦痛」を伴わないトラブルなど存在せず、暴力、暴言はもちろん無視、からかい、冷やかしなどの嫌がらせ行為のトラブルは必ず苦痛を伴うことになるからです。

しかも、本人ではない第三者である学校側が、生徒の心の内に感じた「苦痛」をどうやって「これは重大な苦痛だ」「これはたいしたことではない」と正しく判断できるのでしょうか。その結果、「いじめだとは思わなかった」という判断が生まれてしまい、事実上放置されて重大な事態に至った事件が数多くあります。

　1980年代に「いじめ」が社会問題となってから、かれこれ30年間、事態は全く変わっていません。なぜ、なくならないのでしょうか。

　それは解決の方向が間違っているからなのです。この30年間、解決の根幹に「いじめ問題」の存在を前提にした「いじめかどうか」を"より正しく"判断・認識することが、「解決のカギ」だとしたからです。これでは、これからも学校現場は混乱し、「いじめ問題」は減少しません。

　この章では、実際の学校現場の混乱を踏まえて、「いじめの対応」ではなく、「個々の問題行動への対応」が解決のカギであることを明らかにします。

吉田　順

前章では、北澤毅氏が「いじめ問題」がどのように成立してきたかを明らかにしています。その結果、これまで学校現場で、「暴力」は「暴力」として、「からかい」は「からかい」として指導していたものが、今度は「いじめ問題」として指導することになったわけです。

　第2章では、この違いが学校現場にどんな混乱をもたらしたか、そのためいじめに適切な対応ができなくなったことを述べたいと思います。

1　いま学校現場で困っていること

　教育の現場を直接知らない人と話をしていると、10人中10人が「いま学校では『いじめ』が蔓延し、生徒も先生たちも戦々恐々としているに違いない」と思っているのです。マスコミの影響というのはすごいものです。

　ところが、実際の学校現場は必ずしもそうではありません。私は学校現場で40年近く仕事をし、今は「生徒指導コンサルタント」として仕事をしていますが、学校現場を直接訪問して学校の抱えている問題について相談を受けますから、生の現場を知っているつもりです。

　抱えている問題で最も苦労しているのは、授業規律の乱れ、授業妨害や校内徘徊、そしてその延長線上で発生する教師への暴力や暴言などです。さらに生徒間のトラブル、不登校問題、発達障害を抱えた生徒の指導上の問

第2章 なぜ「いじめ対応の力」ではなく、「生徒指導の力」が必要なのか

題などです。これらは少なくとも30年以上続いている最大の教育問題です。

最も関心を集めている「いじめ問題」は多くの学校で焦眉の課題ではないのです。「そういう意識だから、いじめが放置され重大事態になるのではないか」と批判されそうですが、そうではありません。実際の学校現場ではいじめの大半を解決しているのです。それは文科省の調査（「平成28年度「児童生徒の問題行動・不登校等生徒指導上の諸課題に関する調査」）でも毎年一貫して、「解消しているもの」が90％前後、「解消に向けて取り組み中」が約9％であることからもわかります（ただし、それらの大半は「いじめ」として認識して対応した結果、解消したというわけではありません）。

いわゆる「いじめの重大事態」（子どもの生命、心身、財産などへの被害）は比率的には、全いじめ件数の0.1〜0.2％くらいです。しかし、年間400件前後もあり、事は命などにかかわるものですから、あってはならない問題であることは言うまでもありません。

そうすると、通常99％のいじめは解決できているのに、重大事態を生み出してしまった0.1〜0.2％のいじめは学校や担任がいじめの理解・認識・対応を間違ったからだと考えるでしょう。

こうしていじめが社会問題になってから、ほぼ30年間いじめの「理解」「認識」「対応方法」が問われ続けてき

ましたが、いっこうに「いじめ」はなくなりません。

　第1章で明らかなように、今起きている「いじめ問題」というのは、「暴力」「恐喝」や「嫌がらせ行為」「生徒間トラブル」のことです。いじめは、このような具体的な形で起きているのです。

　「いじめの重大事態」を生んだ学校は、「いじめ対応の力」がなかったのではなく、**起きた問題に的確に対応する「生徒指導の力」**がなかったと考えるべきです。

　つまり、暴力などの個別の問題に対応できないことが原因なのであって、「いじめ問題」に対応できないからではないということです。

2　「いじめだとは思わなかった」

　「いじめ問題」が4度目の社会問題となったきっかけは、2011年10月に起きた大津市の中学2年生の男子生徒の自殺でした。その結果、2013年6月には「いじめ防止対策推進法」が制定されましたが、その後の5年あまりで既に50件以上の「いじめ自殺」が確認され、それ以前と比べても減ってはいません。この法律の効果は今のところほとんどないと言わざるを得ません。

　では、50件以上に及ぶ自殺事件で、学校側はどのように「いじめ問題」に対応していたのか、そして、その結果どのように報道されたのでしょうか。報道のされ方に

第2章　なぜ「いじめ対応の力」ではなく、「生徒指導の力」が必要なのか

注目するのは、それが学校現場に大きな影響を与え、「いじめ」指導そのものを左右しているからです。

この報道は、大きく分けて2種類あると思われます。

まず1つ目は、そもそも「いじめだとは思わなかった」という認識からくる、対応の遅れや対応の甘さなどが批判された自殺事件です。

2013年に神奈川県相模原市で中学2年生の男子生徒が自殺しました。暴力や暴言を受け、部活動でもトラブルが続発しましたが、第三者委員会の答申では「教員のいじめの認識が希薄だった」とし、答申を受けた市教委は学校側が「いじめではなく、個別的、偶発的なけんかと認識していた」と報道されました。

2015年に岩手県矢巾町で中学2年生の男子生徒が自殺しました。担任に提出する「生活記録ノート」で何度かいじめを訴えていましたが、担任は第三者的なコメントを書いていたためマスコミによって大々的に非難された事件です。

特定のグループから執拗な暴力や暴言を受けていましたが、担任は「トラブル、ちょっかい、からかい、けんかという認識でいじめという認識をもって指導にはあたっていなかった」（学校の「調査報告書」）とされています。また、担任本人も親に「いじめに早く気づけず無力だった」と謝罪していると報道されました。

2015年に仙台市教育委員会は前年秋に市内の中学1年

生の男子生徒がいじめを受けて自殺したことを発表しました。親は学校に6回も相談し、本人も学校の定期アンケートで訴えていましたが、担任は「からかい程度の軽微なものと判断した」と報道されています。

2016年に青森市内の中学2年生の女子生徒が自殺した事件でも、学校側は「一方的にやられているわけではない」「よくある子ども同士のトラブル」として、いじめと判断しなかったとされています。

2016年兵庫県加古川市の事件も「生徒同士のトラブル」と判断。2017年福島県須賀川市の事件では「単なるからかいと事態を軽視する教職員が一定程度存在した」と第三者委員会が指摘。同年仙台市青葉区の自殺事件でも緊急保護者会議で学校側は「トラブルという認識だったがいじめだったと反省している」と釈明。同年新潟県新発田市のいじめ自殺事件も、「深刻とは捉えず」「いじめの認識はもたなかった」と弁明。

自殺事件ではありませんが、2016年11月から盛んに報道された横浜市の小学校で起きたいわゆる「原発避難いじめ」事件では、被害者は暴力と恐喝（報道では計150万円前後）を受けますが、学校は「いじめではなく非行かもしれない」という認識だったことがわかり、「これがいじめでなければ、何がいじめなんだ」と世論の批判を浴びました。

「いじめ防止対策推進法」の制定後に発生した50件近

くの自殺事件は、新聞報道などで調べた限り、その約3分の1は「いじめだとは思わなかった」という学校側（または担任）の"認識"が問題となりました。

3 「いじめと認識できたか」が問題なのか

つまり、先の「いじめ自殺事件」は「いじめ」があったにもかかわらず、担任や学校が「いじめ」と認識できなかったことに「いじめ自殺」の主な原因を求めたわけです。その結果、「いじめの定義」の理解、早期発見、早期対応、そのための情報の共有化と組織による判断などが、いじめ防止対策の根幹とされ強調されることになりました。

ある意味では当然の帰結でもあります。ここには「いじめ自殺事件」をなくすには、「いじめ」をまず発見し指導することだ、そのためには「いじめとは何か」を理解していなければ発見できるはずがないという「考え方」が土台にあるのです。

それは犯罪のない社会をつくるには、まず「何が犯罪なのか」が明確でなければいけないのと同じですから、いっけん疑う余地のない「考え方」のようにみえます。

こうして学校現場はマスコミの報道とそれによって形成された世論とその延長上にある文科省のいじめ対策によって、「いじめの発見」が厳しく問われ、そのために

は「いじめの認識」が強調されることになりました。

　ところが、学校現場というのは実際には「いじめ」と認識してから、そのいじめに対応するということは皆無に近いのです。なぜなら、「いじめ」は必ず「暴力」「恐喝」「暴言」「からかい」「ちょっかい」「冷やかし」「無視」「物隠し」などという具体的な問題として起きるからです。

　仮に生徒が「いじめられました」と訴えてきても、即座に「いじめ」として対応することはなく、その具体的な事実の確認がされますから、結局「暴力」「恐喝」「暴言」「からかい」などの具体的な問題として対応することになります。

　つまり、学校現場では「いじめかどうか」の判断や「いじめ」の発見が先に行われることはないのです。

　しかし、ひとたび自殺事件に発展すると、マスコミによって「いじめはなかったのか」「いじめだとは思わなかったのか」と追及されるため、「いじめだとは思わなかった」と弁明し「なぜ教師はいじめの認識が薄いのか」「なぜいじめに気づかないのか」と厳しい批判にさらされることになります。もともと「いじめ」として対応しているわけではないのですから、「いじめだとは思わなかった」のは当然なのです。

　本質的な問題は「いじめかどうか」の正しい判断や「いじめの発見」ではなく、「恐喝」「暴言」「からかい」

などの個別の具体的な問題に、学校はどのように有効に対応できたかです。つまり、その学校や担任に「生徒指導の力」があるかないかが本質的な問題なのです。

しかし、本質的な問題から外れたまま、つまり「いじめ」を発見する眼をもたなければ「いじめ」はなくせるはずがない、という呪縛にかかったまま、今ではいじめは「心身の苦痛を感じているもの」(「いじめ防止対策推進法」)という定義により、さらに学校は混乱します。

本質的な問題は、例えば「からかい」に適切な対応ができない学校が「からかい」を「いじめ」と解釈し直しても、やはり適切な対応はできるはずがないことにあります。

いま、日本中でやっている「いじめの防止対策」は、従来からあった個別の問題をただ「いじめ問題」として再解釈したに過ぎないのです。

4 「いじめ」に対応する独自の「指導過程」というものはない

しかし、50件以上の自殺事件も当然学校は、「いじめ」と認識していても、していなくても何らかの指導をしていたわけです。そこで「いじめ問題」のもう1つの報道のされ方を見てみましょう。

2013年に熊本市の高校1年生の女子生徒が自殺した事

件では、自殺する2カ月前に両親から相談を受けた学校は、生徒同士で1回話し合いをさせただけで解決したと判断し、充分な対応をしていなかったと謝罪しました。のちに、学校側は複数のいじめを認定しますが、むしろ「いじめ」と認識せずに対応した「指導過程」が問題となり、情報の共有や組織的対応の不備が指摘されました。

　つまり、「いじめ」と認識せずに対応したことへの批判とともに「指導過程」が批判の対象となったのです。

　2014年の仙台市泉区で中学1年生の男子生徒が自殺しました。この事件も担任は「友人同士のからかい」と受け止めて「いじめ」と認識していなかったことが誤った「指導過程」を生んだとして、そのずさんな指導が批判されます。例えば、謝罪の会に両方の親が同席していなかったこと、関係生徒の親への連絡を怠っていたこと、注意深く経過を見守らなかったことなどの「指導過程」が批判を受けることになりました。

　2017年に広島市で起きた事件も「指導を行い解決した（と判断していた）」と学校側は説明し、「一時的な『いじり』や嫌がらせで、恒常的ないじめには当たらないと浅はかな判断をした」と謝罪します。のちに市教委は7件のいじめを認定しています。つまり、この事件も「いじめ」と認識しなかったために「指導過程」が的確になされなかったと批判されたのです。

　生徒間で起きたトラブルを積極的に「いじめ」と認め

る学校は正しい学校、認めない学校は間違った学校という単純な捉え方が生まれました。

こうして「いじめ」と認識した「指導過程」はいじめを解決できて、「いじめ」と認識しなかった「指導過程」は不充分な指導でだめな指導とされます。本当は被害者の身に起きていた何らかの問題に適切な対応ができていたかどうかが問題なのであり、「いじめ」と認識して対応したかどうかは防止や解決には無関係なのです。それどころか、マイナスになることさえあります（次で詳しく述べます）。

これらは、学校現場の「いじめ問題」の指導をいっそう混乱させていきます。この混乱についても次の5で詳しく述べましょう。

仮に「いじめ」と認識して対応していても、死に至るケースもあります。

2016年に新潟市の高校1年生の男子生徒が自殺した事件では、学校はいじめと判断しその日のうちに加害生徒を指導していました。

2017年の福島県南相馬市で中学2年生の女子生徒が自殺した事件も、市教委は「いじめを認識し、指導もし、見守っていたのにこうした結果を防げなかった」としています。

詳しい報道のない自殺事件も多いため、「いじめ」と認識して指導したにもかかわらず、自殺に至った事件は

まだまだあると思われます。つまり「いじめ」と認識しても「いじめ自殺」は防げなかったということです。

　結局、「いじめ」という認識があったかどうか、「いじめ」と認識した「指導過程」であったかどうかは、いじめを防止できるかどうかとは無関係なのです。にもかかわらず、「いじめ」の認知はもちろん「いじめ」の積極的な認知が、「いじめ問題」を解決するキーポイントとされてきました。そのため「いじめの積極的な認知」はいよいよ「いじめ防止」の"鉄則"となっていきます。

　例えば、2018年3月には「総務省行政評価局」が全国の公立小中高から249校を抽出して調べた結果、「いじめ防止対策推進法」の定義よりも狭く解釈していたとし、いじめを見逃したり、深刻な事態を招いたりする恐れがあるため、「正確な認知が重要だ」とし文科省に改善を勧告したそうです（「毎日新聞」2018年3月16日）。

5　法律を守ると本当は混乱する

　次に、学校現場が「いじめ防止対策推進法」の通りに対応したら、実際にはどんな混乱が起きるかを見てみます。既にその混乱の一部が起きているからです。

　この法律の「いじめ」の定義は、本人が「心身の苦痛を感じているもの」ですから、この定義自体がおよそ学校にはなじまないものです。

1つ目の混乱は、この定義自体にあります。なぜなら、子どもたちは昔から学校という場で互いに小さな衝突や軋轢やいざこざを経験しながら社会性を身につけ、コミュニケーション能力を鍛え、成長してきました。

一切の衝突も軋轢もいざこざもなく維持されていく子ども集団などは、現実には存在しません。衝突や軋轢やいざこざは、「暴力」「恐喝」「暴言」「からかい」「ちょっかい」「冷やかし」「無視」「物隠し」(以下、「トラブル」と総称)などという様々な形で起きますから、その時点で必ずどちらかまたは両者が「苦痛」を感じることになります。つまり、校内で起きる「トラブル」は法律に忠実になればなるほど、全てが「いじめ」となります。

しかも、本人が感じた"苦痛"を他人が正しく判断することはできませんから、本人が「いじめられた」と感じれば、そこにどのような経過や事情があっても「いじめ」が成立してしまうことになります。

本人がいじめられていることを否定してもいじめを疑わなければいけないという「教訓」もあるようですから、いよいよ全てのトラブルは「いじめ」と認識されることになります。

これでは、加害者になりたくなければ、「トラブル」が起きないように、常に空気を読んで相手に合わせ、波風の立たないつきあい方をするしかありません。

次に、混乱の2つ目です。

「いじめ」と認識したら、管理職や関係組織に報告して情報を共有し、放課後には組織的に「いじめ」の判断をする「いじめ防止対策会議」を開くことになります。その結果、報告書も作成します。私の体験でも中学校なら、１つの学級で１日に数件はトラブルが起こりますから、法律を忠実に守ると、連日会議をやり報告書づくりに追われるでしょう。実際、そのような学校は数多くあります。

　その結果、実態に合わないために担任や一部の教員の段階で「いじめかどうか」というふるいにかけて、「いじめではないだろう」という判断が生まれてしまい、時には重大事態に発展してしまいます。

　混乱の３つ目は、この「判断」です。

　学校現場には、昔から多くの生徒間の「トラブル」がありました。しかし、起きた「トラブル」（これを「いじめ」と呼称しているに過ぎない）の90％前後は解消し、約９％は解消に向けて取り組み中というのが実際の学校現場ですから、むしろ指導がうまくいっている99％から「なぜ、うまくいっているのか」を学ぶべきです。

　学校現場にはその「トラブル」を防止・解決する力があるということであり、解決できなかった0.1～0.2％はその「トラブル」を防止・解決する力つまり「生徒指導の力」をつけることです。その「トラブル」を「いじめかどうか」判断しようとするから混乱するのです。

6 「加害者」を前提にすると
　　いじめの対応は始められない

　混乱の４つ目は、従来からあった「トラブル」などを「いじめ」と認識し直すことになると、そこには加害者と被害者という関係性が即座に成立することにあります。これもまた学校現場を混乱させるのです。

　学校で起きる多くの「トラブル」には、この時期によくある必要なトラブル（仮に「健全なトラブル」と呼びます）と、放置すればいわゆる「いじめ」につながる、激しい精神的苦痛を伴う不健全なトラブル（仮に「嫌がらせ行為」と呼びます）の２つがあります。

　学校現場は、そこを峻別しながら指導していきます。

　しかし、「健全なトラブル」と「嫌がらせ行為」をまず峻別してから取り組むことはありません。この時点では、どんなトラブルかわからないのですから、事実関係を確かめたり、双方の親と相談したり、時には様子を見守りながら指導していくものです。

　そうすると、そのトラブルが「嫌がらせ行為」（「死ね」などという暴言や「からかい」「冷やかし」など）であっても、子どもたちはその非を受け入れて一過性で終わる例を現場の教師は無数に経験してきています。

　ところが、法律通りに解釈し「苦痛」を感じるものが

「いじめ」ならば、全てのトラブルは「いじめ」であり、最初から加害者と被害者という関係性を前提にして指導が開始されることになります。

　トラブルであるこの「嫌がらせ行為」は加害者にもそれなりの言い分があったり、時間を遡るとある時期は逆に嫌がらせを受けていたり、あるいはこの「嫌がらせ行為」自体が誤解から生じたことであったり、いったん解決してもまた蒸し返されることもあり、加害者と被害者という簡単な構図ではとらえられない、実にごたごたしたものです。解決するには、まるで団子のように絡み合った糸を１本１本解きほぐすような作業を積み重ねなければいけません。

　その時にいじめの「加害者」と烙印を押された子どもは、本当の心の内を語るでしょうか。実際にこの烙印を押された子どもの親が「これがいじめか」と学校と対立した例も多くあります。

　そうなると、もはや先の糸を解きほぐすような面倒な作業をする余裕はありません。やがて子どもの誰もが経験するこの「健全なトラブル」や「嫌がらせ行為」への教師の対応能力まで低下してしまうことになります。

　それは、「なぜいじめと認知できなかったか」「なぜいじめを見逃したか」という非難が先にあるからです。先に判断しにくいものを先に判断しろと言うのですから、無理な話です。

第2章　なぜ「いじめ対応の力」ではなく、「生徒指導の力」が必要なのか

そのため、次の5つ目の混乱が起きました。

例えば、かつての「校内暴力」期の「暴力」は当然のように暴力を起こした生徒が非難されます。そして、学校もそれをなぜ防げなかったのかが厳しく問われることによって、私たち自身も暴力を起こした生徒の原因や理由、学級の雰囲気、家庭的背景などを探り、指導方針や指導体制をつくりあげてきました。

ところが、その「暴力」が今は「いじめ」と捉えられることによって、まず学校が断罪されます。「いじめ」を一方的に学校問題と捉えるからです。断罪される内容は、「なぜいじめと認知できなかったか」「なぜいじめを見逃したか」というお決まりの批判です。

実際、いじめの「加害者」となった生徒の原因や理由、家庭的背景、学級の雰囲気、などはほとんど話題になりません。加害者が「なぜいじめたのか」を地道に取材した記事は皆無に等しいのです。加害者が未成年だからではありません。未成年による殺人事件は、その原因や理由、家庭的背景などを詳細に報じています。決して、学校や担任の批判が主になることはありません。それは学校問題が主であるとは捉えていないからです。

かつての「校内暴力」期には、加害者の深層に迫る報道や地道な取材などがたくさんあり、私たちはそこから多くのことを学びました。

さらに問題を起こした子どもの親とは、「なぜこのよ

うな行為を起こしたか」を私たちと相談しながら立ち直りを模索しました。

今、加害者の親は「これはいじめではない」と主張し学校を批判します。被害者の親は「いじめなのに、謝罪もないのか。学校は何をしているんだ！」ともめます。

これではじっくりといじめの「背景」を探る余裕はありません。また、人間関係を教える機会も奪われてしまいます。

私たちは長い間、誰でも経験するトラブルは「嫌がらせ行為」などと呼称し、相手に嫌がらせという苦痛を与える行為として、決して見逃すことなく指導する体制や技術を蓄積していたのです。今、「いじめ」という学校問題として捉えられることにより、その蓄積は消えようとしています。

7 「いじめ指導」は普段の生徒指導そのもの

既に4で述べたように、死に至るような重大事態は学校や担任が「いじめ」と認識してもしなくてもたくさん起きているわけです。

起きた問題、例えば「暴力」「恐喝」「暴言」「からかい」「ちょっかい」「冷やかし」「無視」「物隠し」などの具体的問題に、学校が対応する能力があるかないかが問

第2章　なぜ「いじめ対応の力」ではなく、「生徒指導の力」が必要なのか

われているということであり、いじめかどうかの認識には無関係だということです。

　これは生徒指導の能力そのものであって、「いじめ」に対応する特別な能力や技術や方法は存在しません。

　既に2で見た、「いじめ自殺事件」などの重大事態が起きると、まず「いじめだとは思わなかった」「ただのトラブルだと思った」という弁明が数多くあります。

　その「ただのトラブル」という思い込みが、そもそも間違っているわけです。まるでトラブルには、「ただの」軽微なものと「ただではない」重大なもの（つまり「いじめ」）があるかのように判断しているのですから、やはりここでもまず「いじめの認知」を前提にした昨今の「いじめ問題」の影響を見て取れます。

　起きたそのトラブルに学校として担任として真剣に対応すればいいのです。そこには「いじめの認知」も「組織による判断」も「いじめの早期発見」も必要なく、すぐに事実を調べることから始めます。

　事実を確定できなければ、指導は始められませんから、まず双方の納得する事実の確定に全力をあげます。この時に「いじめかどうか」の判断を最初にする必要は、全くないことは言うまでもありません。むしろ、事実の確定ができないうちに「いじめ」と捉えることによる弊害のほうが大きいことは既に6で述べました。

　しかし、実際のトラブルというのは事実すら簡単に確

定できるものではありません。この時期のトラブルというのは、まるで団子のように絡み合った糸ですから、1本1本解きほぐすような作業を伴います。

　事実が確定することによって、互いにふざけ合っていたのか、人間関係の軋轢に過ぎなかったのか、加害者と被害者という構図の中で起きたものなのかが、ようやく明らかになります。この時点でいわゆる「いじめ問題」なのかもわかります。

　しかし、「いじめ」とわかっても学校や担任に解決する能力があるかないかは、また別のことです。

　事実が確定されれば、今度は指導に移ります。例えば、「からかい」や「冷やかし」であっても、「された相手は顔には出さなくても嫌だよね」「嫌がらせだよね」と諭し、過去に何らかの理由があれば聞き出して指導します。双方の親にも連絡し、解決の仕方を相談することもありますし、もし2度も3度も起きれば、本格的に理由を探るために、特に加害者の親と相談することになります。そのためは、いったん指導して解決したかのように見えても、様子を見守ることになります。

　このように文字で示すと簡単そうですが、実際には大変な時間と手間がかかります。事実の確定でも、加害者は事実を小さくするという心理から「ウソ」をつきます。被害者には弱いと思われたくない心理から「たいしたことではない」と言うことも、時には自らが同じことを加

害者にしていたことを隠すこともあります。そこには顔の表情やしゃべり方から、言外に匂うものを汲み取る経験が必要です。

親に報告したり相談したりする時にも、どのように説明するとわかってもらえるか、どのように言えば協力してもらえるかという技術がないといけません。

これこそは「生徒指導の力」そのものに過ぎません。

そうすると、いま盛んに叫ばれている対策はほとんど解決の役には立たないことがわかります。

「いじめ問題」の解決のために最も力を入れている1つに、全国各地の教育委員会などが主催する「いじめ問題」の研修会というのがあります。そこでは「いじめの定義」「情報の共有」「組織による判断」「いじめの早期発見と対応」などの内容で実施されています。

これらの研修会は実際のトラブルへの対応能力を育てるものとはほど遠いものですから、学校現場での「いじめの重大事態」はなくならないのです。

いま学校現場に必要なのは、「いじめ対応の力」ではなく、「生徒指導の力」そのものなのです。

> コラム

反抗期がなくなってきた！

「反抗期」といえば、青年心理学で必出の用語ですが、その反抗期のない子が増えているそうです。この事実は「明治安田生活福祉研究所」が2016年に親子関係を調査した結果わかったものです(「親子の関係についての意識と実態」)。

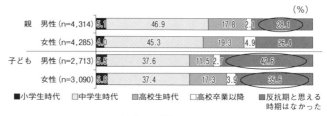

反抗期の時期はいつか

父親も母親も、子どもの時に反抗期がなかったと答えたのがいずれも30％未満に対し、その子どもたちは男性は42％が女性は35％が反抗期はなかったと答えています。ぐんと増えているのです。

理由は、仲のいい親子（「友達親子」）が増え、反抗する必要がなくなったということでしょうか……。

第3章

なぜ「チーム学校」なのか

吉田　順
寺崎　賢一
滝澤　雅彦

本章で知ってもらいたいこと

　最近は「チーム学校」や「チームとして取り組む」という言葉がよく使われるようになりました。特に「いじめ自殺事件」の多発によって、その重要性が指摘されています。

　もともと教師は万能ではありませんから、チームのようになって自分の苦手なことは、他の教師に補ってもらえるという点ではいいことです。

　野球のチームと同じです。代打、代走やリリーフ投手、抑えのクローザーなどで活躍する選手が各チームには必ずいます。何か光る能力が1つでもあれば活躍できます。

　学校の先生の場合は、何か光る能力が1つでいいとは言えないのかもしれませんが、生徒指導上では重要な考え方です。

　生徒指導では、矢面に立って生徒と激しく対決する場面がどうしても発生します。これを苦手とする教師がいると、生徒指導の世界では好まれません。また矢面に立つ教師からは「あの先生は楽なところばかりやっている」と批判が出そうです。

　このような時には、この「チーム」という言葉を思い出

してください。矢面に立てる教師は必要な時にはその役割を担い、矢面に立つのが苦手な教師はその代わり普段は「その子たちの悩みを聞き出す、相談に乗る」「雑談から重要な情報を引き出してくる」などとたくさんの役割を担うことができます。これも重要な生徒指導の1つです。

　荒れている学校は、荒れた生徒だけを追い回していても決して落ち着くことはありません。一般生徒の規範意識や正義感を育てない限り、いつまでも荒れは続くものです。矢面に立つのが苦手な教師が、ここで活躍すればいいのです。

　しかし、「チーム」として取り組むというのは、簡単ではありません。

　本章では、まず生徒指導が「チーム」として機能するには、生徒指導体制の確立が不可欠ですから、その確立のための具体的なポイントを述べています。次に「MFCチームワーク指導」という基本的原理を述べていますが、シンプルなものだけに誰もが意識せずに実践されていることがほとんどです。改めて認識し意識的に実践してください。最後に「チーム学校」をつくる管理職の役割を具体的に述べています。管理職がかなめにならないと、質のいい「チーム」はつくれません。

　　　　　　　　　　　　　　　　　　吉田　順

1. 「チーム学校」のための「生徒指導体制」の確立

吉田　順

「生徒指導体制の確立」とは？

　「いじめ自殺事件」が起きた学校に共通する批判は、教師間で情報が共有されていなかった、担任は周りの先生と相談をしなかった、管理職への報告がなかった、早期対応をしなかった、などです。

　しかし、いま日本中のほぼ全ての学校には、法律によって定められた「いじめ」を防止する対策組織があるのですが、これが機能しなかったということになります。

　なぜ機能しなかったのでしょうか。

　その多くは、もともと「生徒指導体制」そのものが確立していないからです。

　「チーム学校」というのは専門家の力や地域の人材を活用しようという発想ですが、専門家や地域の人に任せてしまうわけではなく、生徒指導上の課題は生徒指導部が中心になることには変わりはありません。

　ところが「生徒指導体制」そのものが確立していなければ、「チーム学校」も機能するはずがありません。

　生徒指導体制が確立していないのに、次々と新しい組

織をつくってもその組織は機能しません。

そこで必要なのは、「生徒指導体制がどうなっていることを確立していると言えるのか」という具体的イメージも持っているかです。そのイメージを持っていなければ指導体制の確立は不可能です。

ここでは、このイメージをつくるために、7つのポイントを述べるのが目的です。

生徒指導のPDCAは生徒指導部が中心

どんな組織にも目的や目標が必ずありますが、目的や目標を持っただけでは意味はありません。

それを達成するための方針がなければいけません。

その方針は抽象的であってはいけませんし、多くの先生たちが実行できるものでなければいけません。

そこで方針を達成するための計画（Plan）を立てて実行（Do）します。その結果を評価（Check）しさらに改善（Act）します。この計画、実行、評価、改善を「PDCA」と言います。

生徒指導の現場に即して言うなら、方針をつくり実践し、その結果を点検してまた修正するということです。

こんな面倒なことは自然発生的には起きません。だから生徒指導部が中心にならなければいけません。

このP→D→C→Aがないと、いい方針はつくれませ

ん。この「PDCA」こそが、1つ目のポイントです。しかも、仕事を効率的・合理的にこなすために、誰もが日常生活や仕事上で無意識にやっていることで、難しい特別なことではありません。

それには、抽象的な方針を掲げたのでは実践も点検もできず修正もできません。

指導部は批判を恐れずに、まず方針の原案をつくり提案します。最初の方針はどんなに稚拙なものであっても構わないのです。りっぱな方針をつくろうとするから第一歩が踏み出せなくなるのです。

実践のやりっぱなしにならないように、点検し方針を修正して再度実践に取り組むというサイクルを繰り返すことで、より優れた方針が積み重なっていきます。

今日の生徒指導上の課題は、一度や二度の取り組みで解決できるようなものはほとんどありませんから、このサイクルを繰り返す粘り強さこそポイントなのです。

生徒指導上の困難を抱え続ける学校の多くは、このサイクルの繰り返しが苦手なため、結局、優れた方針にたどりつけません。

それは自分たち自身でつくるしかないからです。

情報の集まる生徒指導部にする

適切な方針をつくるには、指導部に多くの情報が集ま

ることです。集まりやすい工夫をしないといけません。

　指導部は教職員や親、地域からの情報を聞き流すような態度をとってはいけません。一見、些細に思える情報もメモを取って真剣に聞きます。

　これが２つ目のポイントです。

　すると伝えた側は報告したかいがあったと感じて、また情報を伝えてくれます。

　実際、情報というのは些細なことなのか、重要なことなのかは後でわかることが多いのです。

　３つ目のポイントは、困ったことの報告があったらできるだけ援助することです。そうすると、報告をして良かったということになります。

　例えば、ある先生から「A君が数人の子から嫌がらせを受けたと訴えがありましたので、これから事実関係を確認します」と報告があったら、「関係者が多いようですから、私も関係者から事情を聞きましょう」などと言えば、報告者はありがたいと思うでしょう。

　見返りのない報告は、だんだんとしなくなります。

　４つ目のポイントは、大いに失敗を語ることです。指導部なのに失敗をさらけ出してはまずいのではないかと思う必要はありません。特にベテラン教師が失敗を語ると、「あの先生でもそうなんだ」となり、失敗や困ったことを話しやすくなります。それだけ情報は集まりやすくなるのです。

5つ目のポイントは、指導部は集まってくるのを待つのではなく、自らが集めて歩きます。雑談の中に積極的に入っていくのです。教師の雑談というのは、結局は子どもの話に辿り着くことがほとんどですから、その雑談の中で出たことは案外と子どもの姿を正しく反映しているものです。

　雑談を無駄なものと思ってはいけません。どの学校にも情報を交換する会合がありますが、ここで出される情報は、その先生が情報に値すると思って取捨選択したものです。しかし、そこから漏れているものにこそ子どもの本当の姿があるものです。

　だから、本当は雑談できる時間と空間（場所）があって、そこで世間話（雑談）ができる学校がいいのです。

　私が教師になった頃は、この3つの「間」があり、ここで情報がたくさん集まったものです。

他の先生を援助する生徒指導部にする

　もし、指導部にこんな報告があったらあなたはどうしますか。例えば、ある先生から「今日、○○君の親から担任の私に抗議がありましたが、我が子の言い分を鵜呑みにしたとんでもない誤解です」などという報告があったら、「では、私も一緒に行って話をしましょう」と言うべきです。自分が適切でないと思ったら、指導部の適

切な先生に依頼すればいいのです。

　人には面倒なことは避けたい心理が働きます。こんな厄介な親と話すのは嫌なものです。指導部は人の嫌がることを率先してこそ頼りにされ信頼されます。これが6つ目のポイントです。このポイントは3つ目のポイントとも重なります。

　指導部は頼りにされ信頼されないと、協力は得られません。協力する前提には信頼感が必要です。

　例えば、荒れている学校で「こうすれば必ず克服できます」などという方針は誰も提案できません。実践してみなければわからないのですから、その実践の原動力になるのがこの信頼感です。信頼感がないと学校が「PDCA」を繰り返す粘り強さは生まれません。

　人は信頼する人の話には共感するが、信頼できない人の話には反発するのと同じで実に単純な原理です。だから、この6つ目のポイントも重要なポイントです。

　攻撃的な親の対応だけでなく、学校の中には人の嫌がることというのはたくさんあります。大便のトイレの水がいたずらされて溢れているという連絡がきたら、その状況は想像がつきますから、行きたくありません。そういう場所にも指導部は率先していくのです。

　また、生徒が興奮して教師と掴み合っている場面や喫煙している場面などの問題行動の場面には、誰もが真っ先に行きたくないものです。そういう時にこそ指導部は

真っ先に駆けつけなければいけません。頼りになる指導部として信頼されるようになるはずです。

現場に真っ先に駆けつけることには、もう1つ重要な意味があります。これが最後の7つ目のポイントです。

例えば、生徒間のトラブルがあったとします。真っ先に駆けつけることによって、双方のやりとりや他の生徒の生の様子を知ることができます。注目するのは他の一般生徒です。はやしたて煽っている者はいないか、止めようとした者や職員室に連絡しようとした者はいないか、などと一般生徒の規範意識や正義感を知ることです。

学校というのは、荒れた生徒ばかり追い回していても落ち着くことはありません。一般生徒がトラブルに"興味"をもち"わくわく"するようでは、荒れた生徒は"英雄"になりさらに荒れますから、一般生徒を育てることが鍵なのです（詳しくは、拙著『荒れには必ずルールがある』『新版 生徒指導24の鉄則』参照）。

しかし、真っ先に生の現場に駆けつけずに、後で他の教師から聞いていたのでは正確な情報は得られません。

以上の7つのポイントは、その気さえあれば誰でも実行できます。

2. MFCチームワーク指導のすすめ

寺崎賢一

　学校の生徒指導体制を構築するにあたっては、**MFCチームワーク指導**を軸にすると、児童生徒だけでなく教師にも幸せな学校生活が保障されていきます。

　この方法は、私が25年以上も前に教育雑誌で呼びかけてきた方法です（最新では、寺崎賢一編著『THE生徒指導』所収）。本シリーズの責任編集者 吉田順氏も「うまくいっている学校は大抵〈MFCチームワーク指導〉が機能している学校です」と評してくださっています。「M」とはマザー教師、「F」とはファザー教師、「C」とはチャイルド教師のことです。このチームワークで一人ひとりの教師の気質や能力にみ合った教育スタイルが可能となり、無理して背伸びする必要がなくなります。マザー教師は無理してツッパリ生徒を指導せずにそれはファザー教師に委ねて、後からそのフォローだけをすればいいのですから。

マザー教師とは

　Mのマザー教師は、カウンセリングマインドを前面に出して、おおらかに優しく児童生徒を世話する「お母さ

ん先生」です（男性教師でもこの役割は可能です）。最後まで見捨てずに「お世話」をし続ける教師です。問題を起こしてファザー教師に強く指導された児童生徒を、後でこっそり呼んで、言えなかった不満や愚痴を聞いてやり、その子の悲しい生い立ちやつらい家庭状況などを聞き出して、うなずき激励して、後ろ向きへのエネルギーを前向きへと「昇華」させていきます。また、発達障害の子に気を配って流れについていけるようフォローし、周辺の子に理解や助力を求めたりもします。

　学年主任は「マザー教師」を演じましょう。かつて私が初めて学年主任をした時、それまでファザー教師ばかりやっていたのでその勢いで学年経営を硬直化させてしまい、生徒の自発性や協同性やなごやかさを演出することができなかった苦い体験があります。そこで２回目の学年主任の時には、マザー教師に徹することを決意し、温かく落ち着いた学年にすることができました。

　学年集会では、ファザー教師が学年の問題点の指導などをした後で、マザー教師たちが、学年の日頃の良いところを具体的に挙げて賞賛し励ますことになります。しかし多くのマザー教師は、ファザー教師の指導の雰囲気にのまれてさらに厳しい言葉を投げかけてしまいがちです。それは、「MFCチームワーク指導」の意識が足りない場合に生じてしまう自然な傾向なのです。

　マザー教師が、児童生徒の気持ちを大事にしようとし

ていると、自分の弱さに甘んじている子をさらにエスカレートさせることがあります。そのような時には、勝負しなければなりません。時間をかけて、一対一で親身になって説諭します。「責める」のではなく、そらさず真正面から丁寧にその子の抱えている問題を一緒にひも解いてやるのです。心の奥のモヤモヤを言語化することを目指して。やんちゃもおとなしすぎる子も、心の奥にはどうにも処理できないモヤモヤを抱えているものです。

　マザー教師役に熟達するには、吉田順氏の『子どもが成長するということの真相』（民衆社、2017年）を熟読しておくことをお勧めします。

　MFCの三者に言えることは、説諭の最後に「目標・志・夢」を持たせる工夫です。そもそも夢も志もないから「小人閑居して不善を為す」（『大学』）のですから。

ファザー教師とは

　Fのファザー教師は、集団の枠組み・きまり・方針を児童生徒のみならず教師にも明確に示し、集団全体に網をかけ、規律ある集団にけん引する役割をします。放っておけばすぐに低きに流れんとする集団の流れを断ち切り、あるいは、教師の制止を平然と無視して規律を破る生徒の前に立ちはだかり、学校崩壊への流れを断ち切ります。それには強い強い胆力が必要です。崩壊から免れ

ている学校には必ずこういった教師がいるものです。私自身は、ファザー教師として生涯に3回、番長格の前に立ちはだかり学校崩壊を防いだ体験があります。

　暴走する児童生徒を厳しく指導した際には、必ずマザー教師にそのことを伝え、後のフォローをお願いします。お願いされると悪い気はしません。その「お願い」がチームワークを強固にしていきます。

チャイルド教師とは

　Cのチャイルド教師は、お兄さん・お姉さんの役割をする教師です。若い先生が自然にこの役割を果たすことになります。大人（教師）と子ども（児童生徒）のギャップのつなぎ役です。教育が目指す理想と子どもたちの本音のつなぎ役です。成功のキーワードは「兄貴分、姉貴分」です。対等になってしまったら、その後の指導が入らなくなるからです。活躍時間は休み時間や放課後です。児童生徒の輪の中に積極的に入っていき、気軽に話しかけたり話しかけられたりしながら、学校に対する愚痴を聞いてあげて、「学校性ストレス」の解消を図ります。人間というものは、人に不満を語るだけでストレスが解消したり、語る中で心の整理がつき自分にも問題があることに気づいていきます。ですから多くの場合は聴くだけで良いのです。また、会話をしていく中で、「先生、

最近Aさんがいじめにあっているみたい」だとか「先生、B君最近やばいよ」などと、教師のいる前では見せない友達の動向をポロッと話してくれたりもします。これらはとても貴重な情報です。こういうチャイルド教師がいないと、裏で児童生徒たちがどんな行動をしているのか全くわからなくなってしまい、いきなり新聞に出るような大きな事件が起こって慌てふためくこととなるのです。この役は若い教師にしかできない特権です。

　チャイルド教師もマザー教師も気をつけなければならないのは、児童生徒が甘え過ぎてしまい教師を軽く見てしまって、指導が入らなくなってしまう点です。それを回避する手立ては2つあります。1つは自分の「**授業力**」を鍛えて一目置かせることです。私は若い時から様々な教育団体の授業上達セミナーに身銭を切って参加し、授業力向上を目指してきました。もう一つは教師が「**徳性**」を目指して生き始めることです（次節参照）。

MFC チームワーク指導の留意点

　学年構成としては、Fが1人、Cが1人、残りはMとするのが良いと思います。年齢と性格と信条を見極めて学期初めに役割を決め、その後、この役割について時々学年会議で話題にして調整していきます。

　ファザー教師の留意点は、権限が集中するためについ

つい傲慢になって学年主任をおろそかにしてしまう危険性がある点です。「謙虚さ」を胸に、学年主任に花を持たせることに喜びを見いだしましょう。

　チャイルド教師は、つい「お友達言葉」で接しがちですが、問題点は児童生徒だけでなく教師本人を甘やかしてしまう点です。基本は丁寧語であるべきです。丁寧語が自他ともに「心のけじめ」をつけてくれるからです。

　MFCの教師のいずれも、理想を言えば「徳・人格」の向上を自分に厳しく求め、その厳しさが自ずと生徒をして素直についてこさせるようにする、そんな教師を目指すべきでしょう。つまり、教師自らが**「徳を求める心のコップを上向きにして生きる決意」**をするのです。徳性が高まっていけば、MFCの三つの要素がそなわった理想の教師像が実現できるでしょう。徳性が軸となり、それがブレなければ、時に応じてM、F、Cに変身しても、その教師を素直に受け入れることができます。また、怒りや気分に振り回されなくなり失敗も激減します。

　「MFCチームワーク指導」は、単なる知的「技術」だけでうまくできるものではありません。人間としての徳性を土台としながら身に着けるべき「技能」です。生徒指導の名人の身体の中に備わっている技が「技能」であり、そこからコツを抜き出して言語化したものが「技術」となります。が、先生方がその「技術」を身に付ける時には再び「技能化」に入ることになります。その時、

第3章 なぜ「チーム学校」なのか

単なる「技術」として取り入れるのか、技術を使う優れた心、すなわち「徳性」も鍛えながら取り入れるのかによって、生まれる「技能」には格段の差が出てきます。これはMFC役のいずれにも言えることです。生徒指導の極意は、教師自身が自分の徳性を高めようと決意することなのです。これについては、拙著『生徒指導入門』(明治図書、2015年)に詳細に述べてあります。

ブラック化し続ける教師の現場。2、3人に1人が合格してしまう教職試験。教師の劣化は急激に高まっており、もはやチームワークでなければうまく対応できなくなっています。「MFCチームワーク指導」の必要性は、今日、ますます高まっています。

※今日、人材育成の観点から教育制度の改革が議論されていますが、一番重要なのは、教師の質の向上です。教育の本質は「感化」であり、「教師の背中」がしているのですから。政府は、教師の資格を修士以上とすることで年収を今の1.5倍にし、補助スタッフを3倍にして待遇改善し、もう一方で教師に「徳性の向上」を求めなければなりません。知識・技術を使うのは「心」「徳性」なのですから。これら2点に気づいていない改革は決して成功することはないでしょう。

3. 「チーム学校」のかなめとしての管理職

滝澤雅彦

手渡された『教頭セット』

「教頭先生、就任のお祝いにこの『教頭セット』を差し上げよう」

明日から新任教頭として着任する中学校の校長先生にご挨拶に伺った時、校長先生はそう仰って、私に真新しいほうきと蓋付きの業務用塵取りを手渡されました。

私は驚いて、「校長先生、これが『教頭セット』というものですか？」と尋ねると、校長先生は笑顔で「そうですよ。教頭先生は明日から、いつもマスターキーとこれを持って、校舎内を自由に歩き回りなさい。そうするとこの学校のいろいろなことが見えてくる。それに取り組むことが先生の仕事だよ」と仰いました。

校長先生は毎朝7時半にご出勤とのこと。「その前に校舎内を見回っておくことにしよう」と決めました。

学校に1番に到着し、職員室を解錠して『教頭セット』を手にした私は、校舎最上階の4階の端から順番に全ての普通教室、特別教室、図書室、トイレ、洗面所、廊下、階段、踊り場などを見て回りました。体育館のス

テージ裏やキャットウォーク、昇降口の下駄箱も見て回りました。

『教頭セット』で始まる教頭の1日

　校内のほとんど全ての場所は、前日の放課後に全校の生徒たちによって掃除されており、担当教員が最終チェックしているはずです。したがって、朝一番の見回りの時には、どこもそれほど変わらず、ある程度の整理整頓がされているだろうと思っていました。

　ところが、こうしてまだ誰もいない校舎の全ての教室と全ての施設を回ってみると、いろいろなことが見えてくるのでした。

　まるで設置したばかりのように磨き上げられた黒板、定規で測ったとしか思えないほど碁盤の目のように整然と並べられた机と椅子、洗濯機で洗われたタオルのように干されているきれいな雑巾をはじめとして、担任や担当の先生たちのきめ細かな指導が伺われるところはもちろんあるのですが、全く逆のところもあるのです。生徒の清掃活動が完璧に終了した後に動かされた机や捨てられたゴミだってあるでしょう。

　そこで活躍するのが『教頭セット』です。整理整頓とゴミ拾いで、校内を1周りすると『教頭セット』の塵取りが一杯になりました。

私の視点は教員の「あら探し」ではありません。学校生活の一日を迎える朝の生徒の気持ち、登校してきた生徒が校門から昇降口に入り、下足箱から廊下を歩き階段を上り自分の学級の教室に一歩足を踏み入れた時の気持ち、トイレに入ったり、洗面所で手を洗ったり、口を漱いだりする時の気持ちになってみる、という視点です。

　そこで私は翌日から、『教頭セット』にメモ帳とボールペンを加えることにしました。そして、気が付いたことを記しながら回ってみました。朝だけではなく、授業中や昼休み、放課後も含めて、何度も校舎内をくまなく歩き回りました。

　そうすると自然に、授業、休み時間、放課後、部活動や委員会の様子も見えてきました。頑張っている生徒、気になる生徒、あるいは生徒指導上の問題行動、保護者や地域の方々の動き、一人一人の教員の授業や指導の様子、事務室、主事室、給食調理室の常勤職員、図書室や相談室の非常勤職員の動きも見えてきました。

　メモの内容は多岐にわたりました。

　もちろん、教職員や生徒・保護者からの報告・連絡・相談によって得られた情報も含めて。

　この日々の動きにより、いつの間にか学校で起こっていることのほとんどを把握できるようになったのです。

　これらの全ての情報は、当事者は当然把握しています。ところが、当事者以外の教職員は、把握していないこと

が多いということにも気が付きました。

　考えてみれば、自分が一担任であった時に、他の学級のことをどれだけ把握していたでしょうか。自分が学年主任であった時に、他学年のことをどれだけ把握していたでしょうか。生徒や教員のことだけではありません。教員以外の職員のことや、校内で作業してくださっていたPTAの方々の動きをどれだけ把握していたでしょう。

　自分にかかわりのあることとないことを自分の判断で区分し、かかわりのあることだけを知っていれば事足りると思っていなかったでしょうか。

　そして、自分に関係のないことは管理職に任せればよい、それは自分の仕事ではない、管理職の仕事ではないか、と考えていなかったでしょうか。

　『教頭セット』を持って朝から夜まで校内を何度も歩き回っているうちに、これまで気が付かなかったとても大事なことが見えてきたのでした。

情報を共有するとは

　さて、校内を全て見回ってから校長室に伺うと校長先生が私を待ち構えていらっしゃいました。「お疲れ様。では、これから二人で外を回りましょう」校長先生と私は『教頭セット』の塵取りと外用の竹ほうきを持ちながら、並んで学校の周囲の道路を歩きました。校長先生は、

校門近くにたばこの吸い殻を見つけると、「この地域には、学校の校門の近くに吸い殻を捨てるような大人がいるんだね。町会にも報告しなくては。登校する生徒が嫌な気持ちになるよね。まさか卒業生ではないと思うが」と、竹ほうきで吸い殻を塵取りに収められました。

朝の見回りで気が付いたことなどを校長先生に報告しながら、こうして学校の周りを掃除していると、登校する生徒たちとふれあう機会にもなりました。

後日のことになりますが、生徒指導主事と若手の教員たちも私たちを手伝い始めました。やがて生徒たちも自主的に集まり始め、竹ほうきを50本追加注文することになりました。落ち葉の季節には、用務主事たちも大助かりだと感謝し、生徒たちもとても喜んでいました。

この時にふと１つの考えが浮かびました。

それらのこと全てを、私と校長先生だけが把握しているのではなく、全教職員で共通理解することができないだろうか。そのことによって、今学校で起きている最もホットな情報や課題を、学校の全教員・全職員が把握し、共有し、対応策を考えることのできる「チームで取り組む教職員集団」をつくることはできないものだろうか。

校長先生に相談しました。簡単なことでした。私がそれらの情報を日々発信すれば良いのです。

翌朝から職員打ち合わせのスタイルを変更することにしました。それがチームつくりの始まりでした。

管理職とは何か

　まず校長先生から「今日のポイント」が示され、次に私から、昨日の朝の打ち合わせ以降、今朝の見回りの時までの間に生起した出来事のうち、生徒、保護者、教職員の頑張りや、ぜひ皆に知ってほしいことを情報として紹介します。月曜日には、金曜日の朝の打ち合わせ以降、土曜日や日曜日を含めた情報です。これらの情報を含めて、朝の学級活動の中で、その日に必ず全学級で伝えてほしい情報を伝えます。これを毎朝の打ち合わせの冒頭5分間で行うことにしました。

　こうして、教頭が把握している情報を日々全教職員にアップデートし、全教職員が同じ情報、しかも最新の情報と課題を共有することを徹底したのです。

　当初、朝の忙しい時にこんなことは止めてもらいたい、と不満を漏らしていた教員も、週に1度の会議より、毎日の朝の打ち合わせのほうがより重要であるということに気付くのに、それほど多くの時間を要しませんでした。たったこれだけのことで職員室の空気が活性化されていくのがわかりました。

　チームで取り組む教職員集団の誕生です。

　実は、私が着任した時の新入生は、前年度の生徒指導上の風評被害もあり、地域の小学校卒業生の多くが私学

を選択し、大幅な学級減になっていました。教職員の間には無力感が広がっていました。その状況から脱却するために校長先生が目指した学校が「全ての教員と職員がチームで取り組む学校」だったのです。

そのような「チーム学校」の管理職は「管理する職」ではなく、「チーム学校」のかなめでありプロデューサーとしての経営理念を持つことが求められます。即ち、
①生徒、保護者、地域の実態を理解し、
②一人一人の教員・職員の個性や資質を把握し、
③目指す方向と課題を見極め、
④それらの解決のための具体策を示し、
⑤一人一人のやる気を引き出し、持ち味を発揮させて、
⑥共通意思を形成して課題に取り組むチームを率いる。
⑦課題によっては教職員だけで抱え込まず、進んで外部の諸機関との連携も図る。
⑧それらの取り組みの全てを、生徒・保護者・地域関係者に評価してもらい、改善のための具体策を打ち出す。
⑨そして、それら全ての結果に責任を負う。
ということになるでしょう。

その成果はすぐに表れ、翌年度の新入生が1学級増え、翌々年度には、さらに1学級増えることになりました。

後に私が校長として着任した学校でも、私が『教頭セット』を手に「チーム学校」作りに取り組んだことは言うまでもありません。

第4章

なぜ
「教育相談」は
生徒指導に混乱を
招いたのか

嶋﨑 政男

本章で知ってもらいたいこと

　1990年代に起こったカウンセリングブームは生徒指導の世界にも大きな影響を与えました。

　また、世間を驚愕させた1997年の神戸連続児童殺傷事件やその後の青少年による重大な犯罪（黒磯市の13歳による女性教師刺殺事件、豊川市の17歳による主婦殺害事件、佐賀県の17歳によるバスジャック事件など）が続発し、「普通の子の犯罪」「突発型」「不可解な動機」などと特徴づけられました。この特徴は、そのまま学校の「荒れ」の特徴とされ「新しい荒れ」と呼称されるようになりました。

　つまり、もはや80年代の荒れとは違うのだから「新しい荒れ」には新しい生徒指導が必要だとしたのです。こうして登場してきたのが「カウンセリング」でした。なるほど、「普通の子」に見える心の深層を理解し、突発的に起こすわけではなく前兆を見逃さないためにも「カウンセリング」こそが有効だと考えたわけです。

　生徒指導の書籍も様変わりし、「新しい生徒指導」「これからの生徒指導」と銘打った「カウンセリングの理論と技術」の紹介本が溢れました。

各地で実施された生徒指導研修会も、カウンセリングに類する研修一辺倒になっていきました。
　つまり生徒指導が教育相談（カウンセリング）型にシフトされたのですが、実は実際の学校現場は相変わらず「従来からの荒れ」が続いていたのです。
　そのため、教師は誰でも「教育相談型教師がいいのか、生徒指導型教師がいいのか」と悩んだことがあるのではないでしょうか。
　結局、教育相談（カウンセリング）が一定の混乱をもたらしたことは間違いありません。しかし、それまでの校則指導を軸にした「おい、こら式」の生徒指導に警鐘を鳴らしたのも事実です。
　そこで本章を読んで、「なぜ偽りの教育相談が広まってしまったのか」を通して、本来の教育相談とはどういうものなのか、生徒指導と教育相談には多くの共通性があることなどを学んでください。
　間違った教育相談は排除し、本来の教育相談を取り入れるために一度整理し直すには、本章は格好の素材となるでしょう。

　　　　　　　　　　　　　　　　　　　吉田　順

戦後教育史がかまびすしく議論される中、「自主性とか自発性といった美しい言葉を使いながら、人間として大事な規範意識や秩序感覚を育てることをおろそかにしてきたのではないか」[1]との厳しい指摘があります。

　「子ども中心主義」という美名の下、「叱らない」「教えない」「しつけない」というスローガンが強調され、「教師による指導」を軽視・排斥する風潮は今なお官民こぞって盛り上がりを見せることがあります。

　生徒指導史でも全く同様な現象を追認することができます。「受容・共感・支援」を旗印に掲げる教育相談の攻勢に、生徒指導はそれまで培ってきた良き伝統さえ「訓育・懲罰・管理」と非難の矢面に立たされました。

　「目の前にいる子どもの幸せ（最善の利益）を最優先する」ことは、教育相談だけの専売特許ではありません。生徒指導の究極の目的と寸分の狂いもないのです。にもかかわらず、「暖かな南風の教育相談と厳しい北風の生徒指導」と対比され、「悪役」のレッテルをはられ切歯扼腕した経験を持つ生徒指導担当者は大勢いました。

　教育相談に関する素晴らしい実践を続けている人は数えきれない程います。しかし一方で、学校教育相談の「学校」を忘れた一部「教育相談教」の信者とも言える人の大罪を見逃すわけにはいきません。「罪」は次の3点です。

1. 生徒指導目標の無理解

　教育相談の充実に熱心に取り組む教師の中に、一部、受容と許容を混同したり、「子どもの立場に立つ」ことに拘泥するあまり、その後に続く「大人の立場に戻って指導する」ことを忘れている人に出会うことがあります。

　このような誤った教育相談（偽りの教育相談）は、校内の生徒指導体制確立の大きな障害となりました。「気持ちは受け止めても非なる行為には厳正に対処する」。それが教育相談の真のねらいで、生徒指導のそれと軌を一にするものです。

2. 自主性尊重に名を借りた指導の怠慢

　「教え込むのでなく自ら考えさせる」。これも心地良い言葉です。しかし、発達段階や個人特性を考慮することなく子ども任せというのでは無責任の誹りを免れません。「無理強いせず様子を見る＝何もしない」。今なお残る悪弊は、「偽りの教育相談」の遺物の一つです。

3. 「教師である」自覚の欠如

　「論より同行（どうぎょう）」という言葉があります。あれこれ難解な理論を振りかざすより、直接子どもと向き合い・ふれあい・わかり合おうという姿勢です。「教師としての自分の不勉強や不適切性を棚に上げ、臨床活動に熱心になり、いっぱしの治療者気取り」[2]となってしまっては体得できません。この点の自覚不足が第3の「罪」です。

「偽りの教育相談」を生み出した背景

　よく紹介させていただく3つのエピソードです。

1．傾聴・受容・繰り返し

　昼休みの職員室。サッカー部員のA君がB顧問を訪れます。「先生さ、俺、背が低いでしょ」とA君。教育相談の勉強会に熱心に参加していたB顧問、「うん、うん、そうだね」と、しっかり耳を傾け（傾聴）、そのまま受け止め（受容）ます。まずは合格。

　「だからさ、俺、女の子にもてないんだ」とA君が続けます。「そうだね。A君は女の子にもてないんだね」とB先生が応じます。受容に加え「繰り返し」（相手の言葉をオウム返しに繰り返す）も完璧です。

　ロジャースの来談者中心療法全盛期のお話です。各地の教育相談の研修会では、こうした傾聴・受容・繰り返しの訓練が徹底して行われていました。子どもの声に耳を傾ける姿勢の醸成には役立ちました。受講者は何の疑念ももたず取り組みました。B教師もそんな一人でした。

2．共感（相手になりきって、相手の気持ちを感じ取る）

　ある教育相談研修会に参加した折、運よく（悪く？）講師と目が合いました。「シンナーを吸っている生徒に対応してみてください」。講師の指示に素直に従い前に進みました。ロールプレイング実習前のモデリングのお

手伝いです。

相手（シンナーを吸引し暴れる生徒役）に驚きました。背の高い、がっちりとした体格の教師が指名されたのです。「体に悪いから、先生が預かるよ」。勇気をふりしぼって手を差し出すと、「はい終了」。講師の声です。

講師は、「あなたは教育相談を学ぶ資格がありませんよ」と厳しい口調で話し、「見本を見せます」と言うなり、背伸びしながら、「シンナー少年」の肩に手を伸ばしました。そして一言。「あなたはシンナーを吸いたいほど辛い気持ちなのね。先生、よくわかるよ」。私にはわかりませんでした。

3．正対する（相手としっかり向き合う）

校内暴力が全国を席巻していた頃の話です。教師に暴力を振るったＣ男の母親に来校してもらい、指導している時でした。「ちょっとイライラしちゃったんだよね」、「前の授業で悔しい思いをしたんだよね」と私。

「てめぇはいつだってそうだ」。そう言いながらＣ男は椅子を振り上げました。母親が「やめなさい」と叫ぶと、Ｃ男は「うるせぇ。ばばぁは引っ込んでろ」とますますいきり立ちました。その時です、ごく自然に「ばばぁとはなんだ！」と語気を強め、Ｃ男の腕をつかみました。

Ｃ男は一筋の涙を流すと、その部屋から飛び出していきました。「正対する」ことの大切さを実感した衝撃的な出来事でした。「指導より支援を」。大事な視点である

ことに違いありません。しかし、その前に「正対」です。

生徒指導における教育相談のあゆみ

1．「歩みおそし」教育相談

「生徒の健全な成長を意図して、近年、特に重要な役割を占めてきているものに教育相談があるが、これを学校教育における生徒指導のための領域の中で、どう位置付け運営していくかについては、現在のところ十分検討しきれていない」。

「現在のところ」とは、昭和38（1963）年です。出典は『東京都研究協力校報告書』の「はしがき」です。最新の教育雑誌に載っていても違和感を覚えさせません。「相談教師」の位置付けを明記した『生徒指導の手びき』（文部省）の発行はその2年後です。こちらも遅々たる歩みです。

2．導入期（昭和20年代）

昭和20年代に導入されたガイダンス理論は生徒指導の基礎理論として注目されました。自己指導力を高めることで自己実現を援助するガイダンスの考え方は、生徒指導のねらいと合致するものでした。そのガイダンス理論の中心的手法がカウンセリングでしたから、生徒指導とカウンセリングはスタートラインが同じだったのです。（本稿では「カウンセリング」を「教育相談」と表記）

3．模倣期（昭和30年代）

　昭和30年代になると、児童相談所での性向相談が開始されたり、各地に公立の教育相談所が設立されたりするなど、教育相談は身近なものとなっていきました。学校に導入された教育相談は、こうした専門機関の影響を色濃く受けたもので、「問題をもつ子ども」を対象に心理テストや個人面談が行われました。

4．反省期・拡散期（昭和40年代）

　「カウンセリングの手法を取り入れる必要性が高まってくるにつれて、これまで強調されてきた生徒指導のすべてに代わるものであるという考え方をする者さえも出てきている」（文部省『中学校におけるカウンセリングの進め方』昭和47年）。

　このような認識の下、学校における教育相談は、一部専門的技能をもつ教師だけでなく、誰もが「いつでも、どこでも」できるようにすべきとの主張が強まりました。このため、教育相談の前に「授業に活かす」「学級経営を充実させる」等の枕詞が冠されるようになり、学校教育相談の裾野は大きく広がりました。

5．二極志向期（昭和50年代）

　昭和40年代後半から高校紛争や校内暴力が多発し、登校拒否（不登校）やいじめの問題も深刻化しました。このため、教育相談の専門的知識・技能を有したリーダーの育成とともに、生徒指導の基本姿勢として全ての教師

に教育相談の基本姿勢（カウンセリングマインド）を身に付けることが目標とされました。

学校教育相談の現状と課題

1．専門家の学校配置・専門機関との連携

　教育相談の専門的理論・技法を身に付けた教師が生徒指導の一翼を担うという考え方は従前からありましたが、学校での活動の場や授業時間軽減等の保障が不十分のまま先送りにされてきました。

　これに代わって、学校外から専門家を招く動きが活発化しています。多様化・複雑化・深刻化する様々な生徒指導上の問題に対し、「学校の『抱え込み』から『開かれた連携』へ」（「児童生徒の問題行動等に関する調査研究協力者会議報告」平成10年3月）が大きなテーマとなり、サポートチームや「チーム学校」の取組が強化されました。

　スクールカウンセラー、スクールソーシャルワーカーをはじめ、スクールロイヤーや警察官OBの配置等の実践は、その成果が広く知られるようになりました。さらなる充実が求められています。

2．開発的教育相談の充実

　「教育相談等に関する調査研究協力者会議報告」（平成29年1月」では、「これまでの教育相談はどちらかといえば、事後の個別対応に重点が置かれていた」とした上

で、「今後は未然防止からの一貫した支援が重要」と指摘されています。いわゆる「開発的教育相談」です。例えば、いじめ問題において、「いじめに向かわない態度・能力」の育成が求められていますが、これが「開発的」の意味するところです。

生徒指導においても、『生徒指導提要』（文部科学省、2010年）の最終ページで、リテラシー（様々な資質・能力を使いこなす能力）を取り上げ、「生徒指導の最終目的は社会的リテラシー（個々のリテラシーを適切に行使し個人や社会の目的を達成していく包括的・総合的な能力）の育成にある」と結んでいます。

3．原因追及から解決志向へ

教育相談に関わる手法は開発・工夫が進み、百花繚乱の体を成しています。その本流となっているのが解決志向の考え方です。解決志向は問題志向と対をなす言葉で、問題志向が問題を見据え、その原因の探索・除去により問題解決を図るのに対して、解決志向は解決の状態（目標）を具体的に設定し、その状態を日常化することを目指します。

代表的な解決志向ブリーフセラピーでは、「過去」に原因を求め、その点を解消・解決するのではなく、「良い点」を探し、子ども自身が解決策を見出すことを支援します。ただし、「原因」を知る必要があるケースもあり、解決志向一辺倒には注意が必要です。

生徒指導と教育相談の共通性

　生徒指導と教育相談はしばしば対立的に論じられます。曰く「厳しい生徒指導 VS 甘い教育相談」「反社会的問題行動に対応する生徒指導 VS 非社会的問題行動に対応する教育相談」「集団対象の生徒指導 VS 個別対応の教育相談」等。

　このため、両者の関係を「車の両輪」と捉えたり、いずれかを「中核」としたりする考え方が議論の中心となってきました。しかし、その基本的姿勢・対象・手法等は重複する部分が多く、あえて「〇〇説」と名づけるならば、「重複説」（多くが重なり、一部に違いが見られる）とするのが適当と思われます。

１．理念論における共通性

　「偽りの教育相談」の影響で、教育相談は「何でも受け容れる」との誤解がありましたが、「ダメはダメ」との信念を貫かなければ、「あなたのため」という基本姿勢が揺らいでしまいます。

　「児童生徒の規範意識の醸成に向けた生徒指導の充実について」（平成18年6月、文部科学省）で示された次の点は教育相談においても堅持されなければなりません。
①全ての教職員が、指導がぶれることなく、「当たり前にやるべきこと」を「当たり前のこと」として実施する。

② 「社会で許されない行為は、学校においても許されない」という学校としての指導方針を積極的に発信する。
③ 「ならぬことはならぬ」と毅然とした指導を徹底する。

2．機能論における共通性

　生徒指導、教育相談共に最終目標は一人ひとりの自己実現の援助です。「積極的生徒指導」とか「開発的教育相談」と言われるもので、これは「『自分探しの旅』を扶(たす)ける」教育の目的そのものです。

　「適応生徒指導」「予防的教育相談」と呼ばれる、個々の「より良い適応」を目指す指導・支援も、個人や集団の問題解決を図る問題解決的な生徒指導・教育相談においても、その機能は共通しています。

　司法・医療・福祉等の専門的な対応が必要な場合は、生徒指導では司法における「保護・更生」が、教育相談では医療での「治療」が求められますが、これも専門機関との「連携」という意味では同じ機能と考えることができます。

3．方法論における共通性

　方法論でも対立はないはずです。目指すことが共通していれば、方法論に齟齬が生じることはありません。様々な開発・工夫改善された生徒指導・教育相談の手法は、ルーツに違いはあるものの、適用対象・手順・留意点等は共通しています。両者共に、その時々の状況・態様によって、受容的・能動的対応の双方が必要です。

生徒指導と教育相談の基本姿勢 1

　「校内暴力を抑えるために体育教師が大量採用された」というマスコミの大合唱は、何を根拠にしているのでしょう。特定の教科の教員だけを増やすことなどできるわけがありません。ことさらに、生徒指導は強面の「オイコラ先生」の得意分野との言説が広がっています。

　しかし、これは大きな誤りで、各種調査によると、子どもが求める理想の教師像は、「普段は優しいが、悪いことをしたらきちんと叱ってくれる先生」が常に首位の座を確保しています。

　「メダカの学校」の先生のように一緒に遊んでくれる先生。でも時にはムチを振りながら（体罰は厳禁ですが）厳しく諭してくれる先生。子どもが求めているのは、愛情深く見守りながらも、誤った言動は厳しく正してくれる教師なのです。

　図は、教師や親の子どもに対する2つのはたらきかけ（「愛情を注ぎ子どもの心を安定させる」と「きちんとしつけ、社会化を支援する」）の2つの機能から、子どもへの接し方を類型化したものです。

　Ⅰ型は「子どもに愛情をもって接するが、しつけの面で甘くなってしまうタイプ」です。時々、教育相談を学んだ教師の中で「子どもに温かく接しているが指導が甘

第4章 なぜ「教育相談」は生徒指導に混乱を招いたか

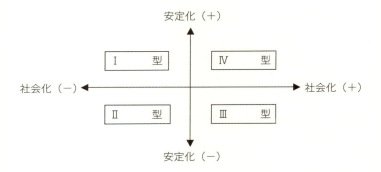

い」と批判される人を見受けますが、受動性ばかりを強調して、能動的なはたらきかけを忌避する、「偽りの教育相談」から脱し切れない人に多いようです。

Ⅱ型は、安定化・社会化の両機能共十分に果たせていない状況を示します。叱責や指示・命令を極力控えようとの確固たる意思があれば別ですが、単なる子どもへの無関心であれば信頼関係の構築などできません。

Ⅲ型は、基本的生活習慣の定着や規範意識の向上に力を注ぐ点は高く評価されますが、ともすれば、自分の枠組（考え方や方針等）を子どもに押し付けてしまいがちです。学校荒廃の折などでは強力なリーダーシップを発揮することがありますが、他者の意見に耳を傾ける柔軟さに留意しないと孤立無援となるおそれがあります。

生徒指導・教育相談が目指すのはⅣ型です。子どもを「かけがえのない存在」（他の人が代わることができない）

93

と愛情深く見守りながらも、いつでも子どもときちんと向き合い（正対）、非なる行いには厳然と対応する姿勢。これこそが生徒指導の基本姿勢であり、教育相談の基盤にある考え方です。「依存と自立」「母性と父性」「菩薩と明王」等のバランスのよさが抜きん出ています。

生徒指導と教育相談の基本姿勢 2

　生徒指導と教育相談に共通する基本姿勢は多々あります。前節では「愛情」と「しつけ」のバランスを取り上げましたが、具体的対応の筆頭に挙げられるのが「心理的事実の受容・客観的事実の支援」です。「支援」の中には、叱責・指導・助言・援助等を含みます。

　昭和61年、東京都教育委員会は「葬式ごっこ事件」を受け、総力を挙げていじめ指導の手引書を完成させました。その中に「『客観的な事実』とともに、いじめる側の『心理的な事実』に耳を傾ける姿勢が特に強く求められる」とありました。

　既にフロイトは「現実事実」と「心的事実」について言及していましたが、子どもの指導にこれほど重要な考え方が広く普及しなかったのは、やはり受容と許容を混同した「偽りの教育相談」が影響したのです。

　「子どもに寄り添い」、「心の声を心で聴く」「心の襞に人差し指を」等、教育相談に関わる美辞麗句は数多く生

み出されました。「〇〇技法」も雨後の筍のように続出しました。教育相談に熱心に取り組む教師は「新発見」に欣喜雀躍として飛びつきましたが、理解を深めなければならなかったのは、スキル（技）より、それを支えるマインド（心）だったのです。

「心理的事実・客観的事実」でも、相手の立場に立って（英語では「as if（あたかも〇〇のように）」、孔子の説く「恕」）、心理的事実（気持ち）を理解したら、大人の立場に戻って、客観的事実（具体的な言動やその結果）に対応しなければなりません。

しかし、教育相談の性なのか、心理的事実の受容には誠実に対応しながら、客観的事実の支援に無頓着になってしまう例が後を絶ちません。教育相談研修会に招かれた折にも体験しました。

「教育相談の姿勢で対応できた事例を発表してください」との声かけに、真っ先に反応したのが教職3年目の男性教員でした。小学4年生の担任をしているとのことでした。その教師の発言です。

「Ｄ君が遅刻して教室に入ってきて、『あったまきた〜』『ふざけんな！』などと言いながら、最前列の子の机を全部倒してしまいました。『どうしたんだ』と声をかけると、『父ちゃんに殴られたんだ』と答えたので、『痛かったでしょ。辛かったよね』と言ってあげました」。

「Ｄ君の気持ちを受け止めたのですね」と、まずは

「事実の指摘」です。アドラー心理学が教える「勇気づけ」。次は「気持ちの表明」。しかし、「D君の気持ちは和んだでしょうね」とは言えませんでした。代わって「机はどうしました？」と質問。答えは「私が元に戻しました」。客観的事実への対応は忘れ去られていたのです。

生徒指導と教育相談の基本姿勢3

　生徒指導と教育相談の基本姿勢の3点目は、良い点を積極的に見いだし、その事実を伝えることです。誰もが必ず良い点をもっています。誰でも決して他人が代わりを務めることはできない「かけがえのない存在」です。「腐ったミカン論」の立ち入る隙間などありません。

　しかし、極端な独善的「子ども天使論」に全面的に与することには警鐘を鳴らさなければなりません。身勝手極まる人権侵害行為に対してまでも、「純心無垢な子どもに罪はない」とする論調には疑問が残ります。

　「かけがえのない存在」だからこそ真正面から対峙し（正対）、非は非としてきちんと認識させ、自己責任を果たすことができるよう援助するのが大人の役目・責任です。「決して見捨てない、だからこそ見逃さない」という言葉は、学校荒廃に取り組む苦汁の日々の中から生まれました。「見捨てない」決意があればこそ、「見逃さない」指導ができるのです。

第4章　なぜ「教育相談」は生徒指導に混乱を招いたか

　「良い点に目を向ける」指導には、多くの経験的・理論的支えがあります。灰谷健次郎著『兎の眼』には、字を書くこともできない男児の「良い点」に着目した新任女性教師の心温まるはたらきかけが描かれています。

　小栗正幸氏の著書[3]の中に「肯定的フィードバック」が紹介されています。「あいつは腹が立つから殴ってやりたい」との子どもの訴えにどう対処しますか。著者は「そこまで腹が立っているのですね」と受容したり、「君にも問題があるのでは」と反論するのではなく、殴っていない事実に目を向け、「そこまで腹を立てているのに我慢している君はすごい」と肯定的なフィードバックすることを推奨します。まさに「良い点」への気づきです。

　解決志向の技法でも、「良い所探し」はしばしば活用されます。喫煙指導の場面で「週に5日は吸ってる」と答えた生徒に、「2日は吸ってないんだ。そんな日を少しずつ増やしていこうよ」と声を掛けることができるでしょうか。「例外探し」という手法です。「例外が日常化すれば問題はなくなる」との考え方が基盤にあります。

　「良い点」に目を向けることの重要性は多くの人が唱えています。孟子の性善説（人間本来の性質は善）やマズローの「心理学」（欠点より良い点・可能性を対象とする）に始まり、不適切な行動より適切な行動に関心を向けるアドラー心理学やブリーフセラピー（短期療法）等、

その流れはとどまることはありません。
　ドラッガーの「他人の短所が目につきすぎる人は経営者に向かない」という言葉は、「経営者」を「教師」に置き換えることができます。しかし、「偽りの教育相談」的解釈はご法度です。「ダメなものはダメ」ときちんと正対することを忘れると、「子ども迎合・追随」の悪弊に陥ります。

生徒指導に活かす教育相談の「心」「技」

　全国に生徒指導の神様のように言われる人がいます。児童生徒や保護者等からの厚い信頼を得て、「あの先生が言うのだから」と周囲の喧騒を一蹴してしまう力量の持ち主です。そんな教師に憧れ、「後継者」を目指してその教師の一挙手一投足を見守っていた人は多かったのではないでしょうか。
　しかし、「名人芸」と感嘆してばかりいたり、「素質の違いだ」と慨嘆するだけでは、「後継者」は務まりません。つぶさに観察するとわかります。生徒指導で実績をあげている教師の多くは、経験を積む中でしっかりと理論的な「心」と「技」を身に付けています。教育相談との関連から、２つの実例を取り上げます。
　【エンプティチェア】
　　生徒指導の師と仰ぐE先生は、生徒の指導に椅子を３

回使います。ガラスを割った生徒に命じ、近くの部屋から椅子を運ばせます。椅子の上に乗って叱ります。背の低さのカバーです。次に、片づけを本人にさせます。椅子に座って「何にイラついてるんだ」などと語りかけます。「親父が憎たらしい」との返答に、「この椅子に親父さんが座っていると想像して、言いたいことを言ってみろ」と感情を吐露させます。椅子の活用はゲシュタルト療法にある「エンプティチェア」。反省を求める前に気持ちを吐き出させるのは、「生徒指導の順序性」の厳守です。

【聴く・訊く・聞く】

生徒指導の在り方が問題視される場合、多くに「6過多指導」が関係しています。「6過多」とは、6つの「多過ぎ」です。多人数で子どもを取り囲む「過多人数」、長時間拘束する「過多時間」、この時とばかりに、他の問題の真相や別の子どもの名前を聞き出そうとする「過多詰問」、過去を責め立てる「過多追及」、反省ばかり求める「過多反省」、人権を侵害したり自尊心を傷つける「過多罰則」の6つを言います。

これを防ぐのが「3つの『きく』」です。「聴く」は教育相談の中心概念です。「聞く」は構えることなく自然体できくことです。今、大きな注目を集めているのがコーチングの主たる手法である「訊く」です。

問題解決的生徒指導では、「反省させ謝罪させる」こ

とが目的化してしまうことが多々あります。自らの心情を吐露する機会を与えられずに行った「反省」は、形式的なものに過ぎず、真の更生にはつながりません。

　長く教育相談の学習をしてきた教師の話です。友人をいじめる子に「訊」きます。「F君に何をしたの」「F君どうなった」「どう思った」「どうする」「（先生と）どんな約束ができる」。たった「5つの訊く」です。指導を受けた子の最後の返事は「もういじめはしない」でした。

教育相談の課題と限界

　危機管理の箴言の一つに「何もかも一人でできる人はいない」があります。一人のカリスマ教師に頼った時代は終わりを告げ、これまで以上に、学校全体での組織的取組が求められています。組織力向上のための教育相談の位置付けの明確化。これが第一の課題です。

　教育相談の研修会では、相変わらず「○○理論が学校を変える」のようなテーマが人気を集め、その基盤となる「学級経営に活かす教育相談の基本的考え方」等のコースには受講者が集まりません。教育相談力向上のための研修内容・方法の整備も大きな課題の一つです。

　「○○療法が最も効果的」「いや、××法」などと口角泡を飛ばす光景を目の当たりにすることがあります。良いものなら、少しずつ取り入れれば良いと思うのです。

「これは使える」と思い立ったらすぐに飛びつく、「雑食主義」は思いのほか収穫があります。それぞれの理論・技法の「本丸」まで達することはできなくとも、本丸を目指す意気込みさえあれば、役立つ姿勢（心）・手法（技）はいくらでも野辺に咲き誇っています。それを摘み取る時間的・精神的余裕の創造。これが３点目の課題です。

　４点目の課題は、近年の急激な「法化社会」の進展による法的対応の確立です。

　被害者感情に依拠する「いじめ認定」が法制化され、「好意」の「行為」までが「いじめ」とされ、加害者・被害者を生み出しています。不登校の捉え方の大転換といじめ重大事態での厚い「被害者保護」は、重大事態を次々に生み出し、法的対応に疎い学校・教育委員会を精神的にも物質的（人員・金銭）にも追い詰めています。「しっかり耳を傾ける」だけでは一件落着とはいきません。法的思考・対処の力も必要になっています。

　最後に、これからの生徒指導・教育相談の在り方をめぐる不安の一端を述べさせていただきます。

　いじめ問題では、国が先頭に立つ熱意溢れる取組により、認知率の向上等の成果が上がっています。しかし、「脱いじめ」に向けた指導方針は旧態依然のままです。生徒指導・教育相談の役割は、いじめに「向かわない子」の育成とともに、「立ち向かう子」を育むことにあります。

「義務教育の段階における普通教育に相当する教育の機会の確保等に関する法律」（平成28年12月公布）の第13条には、「個々の不登校児童生徒の休養の必要性を踏まえ」という文言があります。「休養」が必要と思われる事例は確かにあります。しかし、多くは周囲の温かな「かかわり」を求めています。児童生徒の「最善の利益」を願う生徒指導・教育相談の推進を切に願います。

参考文献
（1）梶田叡一『教師力の再興』文渓堂　2017
（2）神保信一『学校教育相談の基本』教育出版　1985
（3）小栗正幸『青年期の発達課題と支援のシナリオ』ぎょうせい　2012

第5章

なぜ「法的対応」と「懲戒制度」の確立が必要か

瀬田川 聡
片山 紀子

本章で知ってもらいたいこと

　本章は、校内の問題行動に対し、「法的対応」と「懲戒制度」がなぜ必要なのかを述べています。

　この2つはそれぞれ、実に長い間にわたって今も教職員間で意見が対立し、その不一致がさらに学校の荒廃を招いているもとになっています。

　一致できない最大の理由は、教育という営みにはもともと馴染まない対応や制度だからです。

　誰もが法律や規則による強制力に頼るよりも、説諭や説得によって生徒自らが立ち直ってほしいと思うのは当然です。

　「たかが中学生」なのだから、「教師が本気になって指導すれば、どんな生徒も話せばわかるはずだ」という考えは、校内暴力期（昭和50〜60年代）のマスコミや評論家、研究者にもありました。

　ところが実際の学校現場には、残念ながら「どんなに話してもわからない生徒」がいるのが現実です。決して「本気になって指導」していないのではなく、私生活を犠牲にして献身的に対応している先生たちのほうがむしろ多いのです。

それでも学校現場から重大な問題行動は、いまもなくなりません。最近のマスコミの報道は「いじめ問題」に片寄り、まるで他の問題行動がないかのように錯覚してしまいますが、校内での暴力行為や授業妨害、校内徘徊など（特に中学校）は、今も重大な課題として取り組んでいます。

　そうなると「教育という営みにはもともと馴染まない」とか、「どんな生徒も話せばわかる」などとは言ってはいられないのが現実です。

　そこには、犠牲となる子どもたちと疲弊しきった教師たちがいるのですから、現実的な対応策が必要となります。

　しかも、嵐のような荒れ狂った思春期の心を一旦静めるには、「法的対応」や「懲戒制度」という「壁」となって立ちはだかるものがなければ、止めることができないことが多いものです。

　「法的対応」や「懲戒制度」がただただ冷たいもので非教育的だと思うのは、思春期の心の荒れに無知だと思わざるを得ません。

　本章で「法的対応」と「懲戒制度」がなぜ必要なのかを知り、学校現場でその確立のための一助にしてください。

　　　　　　　　　　　　　　　　　　　　吉田　順

1. 警察との連携から考える法的対応

瀬田川 聡

文部科学省も言っている警察との連携

文部科学省[1]は、「問題行動を起こす児童生徒に対する指導について（通知）」を、教育委員会教育長、各都道府県知事、国立大学法人学長宛に通知しています。その中で、「問題行動の中でも、特に校内での傷害事件をはじめ、犯罪行為の可能性がある場合には、学校だけで抱え込むことなく、直ちに警察に通報し、その協力を得て対応する」と明記しています。犯罪行為の可能性のある問題行動、特に傷害事件などの暴力行為について警察と連携・協力した対応を求めています。

文部科学省は、ほかにも警察との連携に関する通知を出しており、学校と警察との情報交換や行動連携の重要性を訴えています。

生徒指導担当に求められていること

私たち教職員は、日常生活の中で起こる犯罪行為についての意識と知識を持ち合わせることが必要です。

文部科学省[2]は、「早期に警察へ相談・通報すべきいじめ事案について（通知）」の中で、「いじめの中には、犯罪行為として取り扱われるべきと認められるものが含まれる。このため、いじめの対応に当たっては、早期に警察に相談・通報の上、警察と連携した対応を取ることが必要であること」とし、「個々のいじめ事案が、『犯罪行為として取り扱われるべきと認められるもの』に当たるか否かについては、いじめの態様や加害児童生徒の状況等によって、的確に判断することが必要であり、平素より、どのような行為が刑罰法規に該当するかについて、教職員の理解を深めておくことが必要であること」と明記しています。この通知には「（別紙1）学校において生じる可能性がある犯罪行為等について」として、具体的な事例で説明しています。「同級生の腹を繰り返し殴ったり蹴ったりする」は暴行（刑法第208条）にあたるなど「傷害」「脅迫」「恐喝」等の犯罪を示しています。

弁護士でもある中嶋氏[3]は、いじめ裁判の判例を取り上げ、「『いじめ』の中身をみていくと、すべて刑法上の犯罪にあたります。いじめとは学校犯罪なのです。『なにをいまさら』『そんなことあたりまえじゃないか』と思う方もいらっしゃるでしょう。しかし、これまで、人間教育の信奉者たちの多くはいじめを犯罪ととらえずに、『教育問題』として語ってきました。ことの本質は、いじめを教育の問題とみるか、犯罪の問題とみるかのち

がいです。」と指摘し、いじめ＝犯罪に対しては、警察力を導入し、少年司法で裁く必要があると訴えています。

『生徒指導提要』[4]では「告発義務とは、公務員が職務を行うに当たって犯罪行為を知った場合に、告発をしなければならないという義務（刑事訴訟法第239条）のことであり、教職員だけでなく、公務員全体に課されているものです。告発は、権限のある捜査機関（警察等）に対して、犯罪事実の捜査・訴追の意思表示を行うもので、文書でも口頭でも行うことができます。生徒指導の関係では、学校において児童生徒の暴力行為や器物破損、悪質ないじめで犯罪行為に当たるものなどが行われた場合に、告発義務を有しています。他方、児童生徒の問題行動について、教育的な指導により改善が見込まれ、そのような指導が児童生徒の将来のためにも効果的である場合には、警察等の関係機関と連携しながら教育的な指導によって改善措置を講ずる場合もあります。しかし、その犯罪行為が重大な場合や指導を繰り返しても効果が見られない場合などは、告発を控えるのではなく、児童生徒の反省を促して規範意識を養うために、法律に則った措置が取られることが重要です。」と説明しています。

学校現場の教職員が、どのような行為が犯罪にあたるかの知識がないと、適切な指導を行えません。被害に遭っている人を助けることもできないのです。

第5章 なぜ「法的対応」と「懲戒制度」の確立が必要か

警察との連携はどうなっているか

　国立教育政策研究所[5]も「『万引き』、『カツアゲ』、『ネット上の誹謗中傷』、『援助交際』などの行為は、それぞれ刑法上の窃盗、恐喝、名誉棄損、売春防止違反に該当する違法な行為であって、決して容認してはならない行為であることを日ごろから指導する必要がある。このような違法行為に関しては、十分に教育的配慮をしながらも、場合によっては、前記少年法の趣旨にのっとって、警察や家庭裁判所と連携し、毅然と対応する必要があるからである」としています。

　この記述を読んだ少年事件を担当している神奈川県警察の警察官は、「いじめや暴力行為など、違法行為をなくすには被害届を出すことだ。加害者にも人権があるため、被害届がないと警察も踏み込んだことができない」と述べ、具体的な対策の一つとして、「警察に被害届を出す」ことであると指摘しています。

　吉田氏[6]は、「『暴力は原則的に法的対応』が必要である。警察というとすぐに教育的ではないと反応するのは現実を知らない者の批判である」と述べ、生徒が被害を受けた場合、とりわけ、けがをしている場合は、「被害者の親が最終的に判断をするが、原則として学校が被害届をはっきりと勧めるべきである」と指摘しています。

大津のいじめ事件と関連して、新聞には次のような記事が掲載されていました。

　大津市の中学2年の男子生徒をいじめたとされる同級生3人のうち1人が今年5月、担任の女性教諭の小指に重傷を負わせたとされる問題で、学校が滋賀県警に被害届を提出する方針を固めたことが19日、学校関係者への取材で分かった。今月開いた緊急職員会議で校長が決定したという。

　担任教諭は5月30日、集会中に帰宅しようとしたこの同級生を注意した際、同級生が暴れて左手小指の骨にひびが入るなど5カ所を負傷した。学校側は教育的配慮から被害届の提出を見送ったが、県教委、大津市市長らが対応を批判。県警から被害届の提出を求められていた。市教委も9月に入って提出の方針を決めた。

　学校関係者によると、緊急職員会議では担任の女性教諭を含むほとんどの教員が反対したが、校長は「市教委に指導されたので出さざるを得ない」と説明。提出方針を決定したという。

　学校関係者は「最近は担任と同級生の関係が良好だったが、被害届を出せば信頼関係を失う。現場を無視した決定だ」と話した[7]。

　生徒の暴力行為に対して被害届を出すか否かの問題は、その学校に在籍する教師集団の経験や考え方に大きく左右されます。学校管理時間内で起きた生徒間暴力や対教

師暴力の場合でも、被害届は学校が出すものではなく、被害生徒、被害生徒の保護者、被害教師の意志で出すということや、同様に、被害届の出し方や扱い方、出した後の具体的な対応について熟知している教師は多くないのが現状です。特に発生した事案に対して不安な材料が少しでもある場合には「被害届を出さないほうが後々もめない」という判断がされ、結局、被害生徒、被害生徒の保護者、被害教師からの被害届が出されないという場合も往々にしてあるのです。

判断に迷う「指導の限界」とは何か

警察連携を進めるにあたり、学校現場で一番迷うのは、どの時点で警察に連絡したらよいかを判断する時だと私は思います。

教師は児童生徒に「説諭（言葉）」でしか指導することができません。しかし、説諭（言葉）による指導には、限界があります。

私は、この「指導の限界」について、次の点を目安に考えています。

①指導を行ったが、問題行動を繰り返す。
②指導を行うことで、一時的に行動の抑制になるものの、いずれ大きな事件を起こしてしまう可能性がある。

①の場合、教師が指導した後に、再度被害生徒を呼び出して暴力を振るうなど、問題行動が繰り返されれば、学校の指導では効果がない、指導の範疇を超えたと理解できます。

　②の場合、「加害生徒に改善が見込めず、被害生徒が再度、被害に遭う可能性がある」と判断して、警察に被害届を出すことを保護者に勧めます。「教育としての指導の限界を見極めること」ができないと、被害生徒への暴力やいじめは増長してしまうことになります。教師の指導力を問う前に、被害に遭っている児童生徒を救うことを最優先に考えることが重要です。

事例の検証

(1) 事例

　ある中学校の生徒指導担当教師から相談を受けました。

　中学3年の男子生徒Aが、同じ学年の男子生徒Bを下校途中に呼び出して暴行を加えました。Aからの聞き取りでは、Bが無視をしたと決めつけて感情的になり、一方的にBの肩を数回殴ったということでした。殴られた箇所は内出血して赤くなっていました。

　生徒指導担当教師は、それまで何度もA男に「暴力を振るうな。暴力を振るったら、警察沙汰になるぞ」と言い、暴力は認められないと指導してきました。しかし、

第5章 なぜ「法的対応」と「懲戒制度」の確立が必要か

彼は、これまで警察に被害届を出した経験がなく、今回の件を警察に連絡したほうがいいのか、連絡するならどのようにすればいいのかわからないとのことでした。

私は、この件は被害生徒の保護者に被害届を出すように勧めるべきと伝えました。その理由は次の3点です。

・加害生徒の一方的な言いがかりで、被害生徒の言動には全く問題がなかったこと。
・加害生徒が、指導に全く従わず反省していないこと。
・学校では、暴力は認めないと加害生徒に何度も指導してきたにもかかわらず、興奮して一方的に暴行に及んだこと。そして、再度、繰り返される可能性が高いこと。

生徒指導担当教師は、校長と相談した結果、暴力は認めないという学校の方針に基づき、保護者に被害届の提出を勧めました。翌日、被害生徒と保護者は警察署に行き被害届を出しました。後日、加害男子生徒は警察署に呼び出され指導を受けました。

男子生徒は警察官から「今度、先生や生徒に暴力を振るったら逮捕する。学校で、先生の指導に従いなさい」と説諭され、そこで初めて本気で反省しました。

その後、男子生徒の暴力や威嚇行為はなくなりました。被害生徒に対しても謝罪し、二度としないことを約束しました。また、「Bが警察に被害届を出した」という話が、周りの生徒に伝わりました。すると、長年続いてい

たBに対する暴力や嫌がらせがなくなりました。

（2）振り返り

　生徒指導担当の先生と今回の件を振り返り、次の4点を確認しました。
- 被害届を出すと、すぐに逮捕というイメージがあった。しかしそうではなく、警察が説諭してくれるケースがあることを知った。
- 被害届を出した経験がなかったので戸惑ってしまった。しかし、加害生徒は反省しておらず、また被害生徒に対して暴行を加える可能性が高いと考えられるので被害届提出を勧める覚悟ができた。的確に助言してもらい被害届を出すことができた。出すことで警察の指導が入り、被害生徒を守ることにつながった。
- 感情的になって激しく反抗していた加害生徒には、学校の指導が全く入らなかった。
被害届を提出したことで警察の指導が入り、加害生徒がある程度冷静に自分の行動を振り返るようになり、反省することにつながった。加害生徒の暴力が止まり、被害生徒を守ることにつながった。
- それまで加害生徒とは、何とか会話ができる程度だったので、被害届を出したことに理解を得られず、「よくも警察に連絡したな」と、本人や保護者の恨みを買うのではないかと不安だった。結果、毎日「うるせ

え」「むかつく」と反発されて、今後の会話や指導ができなくなるのではないかという危惧を抱いていた。

まとめ

このような問題で困っている学校は少なくないのではないでしょうか。まずは、学校だけで抱え込まないこと、そして、警察と連携する際には、正確な状況を伝え、学校として何に困っているのかを伝えること、すなわち、「警察との連携をためらわない」ことが大切である、と思います。

引用参考文献
(1) 文部科学省「問題行動を起こす児童生徒に対する指導について」(通知) 2007
(2) 文部科学省「早期に警察へ相談・通報すべきいじめ事案について」(通知) 2013
(3) 中嶋博行『君を守りたい』朝日新聞社　2006
(4) 文部科学省『生徒指導提要』教育図書　2010
(5) 国立教育政策研究所「生徒指導資料第3集　規範意識をはぐくむ生徒指導体制－小学校・中学校・高等学校の実践事例22から学ぶ」2009
(6) 吉田順『誰でも成功する中学生の叱り方のキーポイント』学陽書房　2008
(7) 毎日新聞 2012年9月20日付

2. 懲戒制度の確立が問われている

片山紀子

わが国の生徒懲戒制度は未整備

　わが国では、残念ながら生徒懲戒制度が整っているとはいえません。それゆえ、生徒懲戒に頼らず、上手に子どもを指導することが教師に求められてもきました。もちろん、それがプラスに働いてきた部分も確かにありますが、その一方で教師個人に負担がかかり、ジレンマに陥っている者がいることも事実です。際限ない指導が続く学校では、教師から時間と労力とを奪い、厳しい勤務実態に、さらに拍車がかかり疲弊しきっています。

　また、過度に特定の子どもを叱責してしまい、子どもを自死に追いやったり、法で認められていない体罰を行なったりするケースも後を絶ちません。筆者は未だ未整備なままのわが国の懲戒制度を、議論して整え、機能するものに再構築すべきだと考えています。

　さて、あまり知られてはいませんが、わが国の「学校教育法」第11条の体罰禁止条項の起源は、アメリカニュージャージー州にあります。ただ、体罰を廃止した後の施策は両国で大きく異なっており、こうした違いも

含めてアメリカの懲戒制度に注目する意味は十分にあります。わが国とアメリカでは、背景も文化も異なりますから、単純に模倣すればよいというものではありませんし、模倣する必要もありませんが、比較することで見えてくるものもあるはずです。

わが国の生徒懲戒制度とは

　わが国の生徒懲戒制度は、どのような欠陥を有しているのでしょうか。また、なぜ機能しないのでしょうか。

　生徒懲戒とは、学校で教育目的を達成するために児童生徒に対して課す制裁のことです。生徒懲戒は、①法的効果を伴わない事実行為としての制裁と、②退学・停学・訓告等の校長が行う法的制裁の二つに分けられます。

　①は、放課後教室に残す、授業中教室に起立させる、学習課題や清掃課題を課す、当番を多く割り当てる、叱って席につかせる等が相当します。

　②は、高等学校での「学校教育法施行規則」26条等による停学や退学といったものが相当します。停学・退学については、公立の小・中学校では許されておらず、私立の小・中学校には退学のみが認められています。

　表1に見るように、高等学校ではともかく、義務教育段階の小中学校、特に大半の子どもが通う公立の小中学校では、懲戒制度が無いに等しく、現状では叱って席に

表1　生徒懲戒制度

	退　学	停　学	訓　告
国立の小中学校	○	×	○
公立の小中学校	×	×	○
私立の小中学校	○	×	○
高等学校	○	○	○

注：○は制裁が可能なことを、×は制裁できないことを表している。

着かせるなどの法的効果を伴わない事実行為としての制裁しかない状態です。

　高等学校で認められている停学や退学が、公立の小中学校では認められておらず、法的効果を伴うものとしては校長による訓告があるだけです。なお、訓告とは、懲戒処分としての訓告であることを明示して行ったものを言い、事実上の懲戒として行われる単なる叱責はこれには含まれません。

　また、懲戒と勘違いされやすいものに、小中学校で認められている「出席停止」の措置があります。しかし、「出席停止」は懲戒ではありません。校長ではなく教育委員会が、また子ども本人ではなく保護者に対して行う「秩序措置」です。しかも、手続き等が複雑であることから使いづらく、行使状況の少なさから見ても実質的に機能しているとはいえません。

アメリカの生徒指導

　アメリカの学校は、教育に関することは州に任されて

おり、州や学区によって格差が大きいため、あらゆることがかなり違います。また、学校の規律が欠如していることが長い間、憂慮され続けてきた国でもあり、そうした点をあらかじめご理解いただければと思います。

では、アメリカの教師は、日本の教師と同じように生徒指導を行うのでしょうか。生徒指導を問題行動の部分ととらえるのか、広義の生徒指導まで含めて考えるのかで違ってきますが、前者についていえば、基本的には「しない」と考えてよいです。

もし、子どもが教師に対して暴力的な行為をすれば、小中学校段階であれ、高校であれ、教師が指導するのではなく、即刻警官か警備員が駆けつけ、手続きを経た上で、校長から本人に懲戒処分が課されるのが常です。「担任だから」といったような理由で、一人の教師が、過度に子どもを指導するといったこともないので、日本で問題になっている指導死、すなわち教師の行き過ぎた指導によって、死に至らしめるといったことも発生しにくいシステムになっています。

問題行動への対応

教室で子どもが問題行動を起こすと、アメリカの教師も、授業中に注意をするところまでは、日本と同じように行います。しかし、教師が注意してもきかない場合、

子どもは教師から違反行為の記された用紙を渡され、子どもはその紙を持って、事務を経由し、校長か副校長のところへ行くよう指示されます。送られた子どもは、規律担当の副校長が対応します。学校が大きくなれば、副校長は３〜５名ほどいて、それぞれ役割がある程度決まっています。

　その後は、必要に応じてスクール（またはガイダンス）カウンセラーが対応します。カウンセラーは「なぜそのような行為をしたのか」を子どもから丁寧に聞き、管理職と連携しながら、指導を行います。アメリカのスクールカウンセラーは悩みを抱えた子どもの話を聞くだけでなく、特別なニーズのある子どもへの個別教育プログラムにかかわったり、問題行動をする子どもの指導を行ったりします。

　日本のスクールカウンセラーは、相談室で子どもがくるのを待ち、少数の子どもの相手をするイメージが強いのですが、アメリカのスクールカウンセラーは常勤であることもあって、各教室に出かけて行って、ソーシャルスキルやいじめに関する授業などを担当し、問題行動にも積極的にかかわります。

　いずれにしても、問題行動を起こした時の指導は、教師の仕事ではなく、管理職やスクールカウンセラー、その他スタッフの仕事です。

規則と違反に対する懲戒は事前に周知

　学校の規則は、子どもにも保護者にも事前にハンドブックで知らされています。規則に従い、違反の回数や違反の深刻さによって、懲戒処分がなされるのです。違反行為は、器物破損や教師を含む他者への不敬意、ドラッグの使用など項目ごとに示され、もちろんその中にいじめ行為も含まれます。

　具体的には、表2に見るように、居残りや学内停学、学外停学、退学、オルタナティブ・スクール送り（矯正教育を受けるため別の学校に送られること）等の処分を、段階的に準備しています。

　アメリカは、宗教や移民の歴史を背景に、文化的風土として、もともと体罰を許容してきた国です。時代とともにその使用は激減しましたが、今も体罰が合法的に許可されている地域では、木の板のパドルを使って臀部（尻）を打つ懲戒も認められています。そうした学校では、保護者から許可を得た子どもにのみ体罰を行使し、許可を得ていない子どもに使用することはありません。また、行使するのも校長のみで、激情に駆られた教師が体罰を行うことのないようになっています。

表2　生徒懲戒の概要

段階	1回目の違反に対する懲戒	2回以上の違反に対する懲戒	違反行為（例）
I	・学内での面談 ・タイムアウト	・タイムアウト ・居残り ・サタディ・スクール ・学内停学 ・1日から3日の停学 ※繰り返すとIIの処分が下される	・教室や集会等での妨害 ・遅刻 ・下品な言葉やゼスチュアの使用 ・服装規定への違反 ・学校施設の毀損、等
II	・居残り ・サタディ・スクール ・学内停学 ・1日から3日の停学	・学内停学 ・1日から3日の停学 ・オルタナティブ・スクール送り ※3回目からはIIIの処分となる	・けんか ・窃盗 ・ギャンブル ・教師等に対する不敬な言動 ・ポケットナイフの所持、等
III	・10日までの停学 ・オルタナティブ・スクール送り ・退学	・オルタナティブ・スクール送り ・退学	・セクハラ ・ストーカー ・強盗 ・ドラッグやアルコールの所持、等
IV	・退学		・レイプ ・銃の所持 ・放火、等

警官や警備員

　全ての学校ではありませんが、中学校や高校であれば、

規律維持のために警官がいるのが一般的で、銃も所持しているのが普通です。警官の人数は、1人の学校もありますが、都市部では3人体制のところもあります。

入り口に金属探知機がある学校は少ないですが、そうした学校では、警官や警備スタッフがその業務を担っています。人や機器を学校に入れるにはお金がかかりますし、実際裕福な学区ほど多くのスタッフが規律維持のために投入されています。

銃社会であることも背景にあって、「警官がいるなんて、なんと怖い学校」ではなく、「警官がいて安心。金属探知機があって安全な学校」ととらえ、感じ方がわが国とは違います。

懲戒で生じた問題点

歴史的に体罰を許容してきたアメリカは、体罰を廃止するにしろ、合法的に残すにしろ、議論を重ねながら、停学や退学含め、懲戒制度を着実に整えてきました。

ただ困ったことも起きました。人種によって懲戒率に顕著な差が生じることがわかってきたからです。ゼロトレランス（規律に寛容さを許さない方針）が導入されて以降は、その傾向がより顕著になりました。具体的には、黒人やヒスパニック系の子どもの懲戒率が、白人やアジア系の子どものそれに比べて不釣り合いに高かったのです。

そうすると、懲戒は人種差別ではないのか。社会的に不利な立場に置かれた子どもを学校から排除することになっていないか。このような疑問があちこちから呈されることとなったのです。

　こうした経緯を経て、近年は少しずつ懲罰的なものから、回復を目指した懲戒制度へと徐々に移行しています。その一つの例が学内停学です。学内停学は、学校に来させて別室で、専門の教師が学習課題を遂行するのを見守り、ソーシャルスキルなど、生徒を回復させるためのプログラムも含んだ懲戒処分です。

　わが国でも、学校謹慎といった措置を行う学校があります。しかし、アメリカの学内停学は公式な懲戒であり、そこに専任の教員（勤務しながら大学で専門知識を学ぶなどして、修士の学位をもっていることが多い）を投じ、カウンセラー等とも連携しますので、やはりわが国のそれとは明らかに違います。

わが国でも懲戒制度の確立を

　以上見てきたように、アメリカとわが国では大きく異なっています。わが国では、体罰を禁じましたが、その先を丁寧に検討することがなかったため、しわ寄せが現場の教員に及んでいます。検討課題は以下の点にあると考えています。

第1に、懲戒制度が一貫していないことです。アメリカの場合、規則および懲戒処分は幼稚園から高校まである程度一貫させており、わが国で見られる曖昧な学校謹慎のような形や、懲戒とは異なる秩序措置としての出席停止を並立させるようなことはしていません。ただし、懲戒制度を再考する際は、回復プログラムを付帯させることも同時並行的に考える必要があります。

第2に、規則内容の再検討や事前周知が不十分なことです。学校や子どもの実態に合わせて、関係者で議論しながら規則を改定していくことは、子どもや保護者の了解や納得につながります。また、事前にハンドブックやホームページで知らせることも、子どもや保護者と学校の離齬を生じにくくします。

第3に、懲戒制度に直結する生徒指導体制に難があることです。特に、担任等特定の教師に指導が偏ったままでは、教師個人の負担が重いだけでなく、過度な指導や体罰につながりやすく、子どもにも教師にも不利が生じます。そうした事態を回避する生徒指導体制を再構築しなければならないと考えています。

わが国の生徒懲戒はどのような姿を目指せばよいのか、様々な角度から考量しながら、関係機関含めて慎重に議論される必要があります。

〔責任編集〕

吉田　順（よしだ・じゅん）―第２章、第３章１
1950年生まれ。横浜市で37年間公立小中学校に勤務。担任32年、生徒指導部長16年、学年主任13年を兼任。現在、「生徒指導コンサルタント」として全国の荒れる学校を訪問し指導方針づくりに参画。生徒指導にかかわる講演、著述、相談活動をしている。
『実務が必ずうまくいく生徒指導主事の仕事術55の心得』単著（明治図書）
『新版 生徒指導24の鉄則』単著（学事出版）

北澤　毅（きたざわ・たけし）―第１章
1953年生まれ。筑波大学大学院博士課程教育学研究科教育社会学専攻。
現在、立教大学文学部教授。
『「いじめ自殺」の社会学―「いじめ問題」を脱構築する』単著（世界思想社）
『教師のメソドロジー―社会学的に教育実践を創るために』共編著（北樹出版）

寺崎 賢一（てらさき・けんいち）―第３章２
1953年生まれ。早稲田大学大学院教育学研究科修士号取得。同博士課程に４年間在学。「M・F・Cチームワーク指導」の提唱者。元公立中学校教諭。現在、麗澤大学、武蔵文科大学非常勤講師。
『生徒指導入門（THE 教師力ハンドブックシリーズ）』単著（明治図書）
『THE 生徒指導（「THE 教師力」シリーズ）』編著（明治図書）

滝澤 雅彦（たきざわ・まさひこ）―第３章３
ミュージシャンの道から31歳で教職の道へ。全日本中学校長会生徒指導部長、中央教育審議会専門委員などを歴任。現在、日本大学文理学部教授、公益社団法人日本教育会専務理事。
『「違い」がわかる生徒指導』共著（学事出版）
『集団討論・集団面接』単著（一ツ橋書店）

嶋﨑 政男（しまざき・まさお）―第４章
1951年生まれ。東京都立大学心理学科卒業後、教職に就き、行政職９年、教頭３年、校長13年を経て、現在、神田外語大学客員教授。
『入門 学校教育相談―知っておくべき基礎基本と実際の対応』単著（学事出版）
『「脱いじめ」への処方箋』単著（ぎょうせい）

瀬田川 聡（せたがわ・さとし）―第５章１
1986年、横浜市立中学校に数学科の教師として奉職。1996年から通算13年間、生徒指導専任教諭として勤務。現在、横浜市公立中学校副校長、学校心理士スーパーバイザー。
『いじめをやめさせる―指導の心得と鉄則』単著（明治図書）
『ためらわない警察連携が生徒を守る』単著（学事出版）

片山 紀子（かたやま・のりこ）―第５章２
奈良女子大学大学院人間文化研究科比較文化学専攻博士後期課程修了、博士（文学）。
現在、京都教育大学大学院連合教職実践研究科生徒指導力高度化コース教授。
『やってるつもりのチーム学校』共著（学事出版）
『アメリカ合衆国における学校体罰の研究』単著（風間書房）

「なぜ？」からはじめる生徒指導シリーズ
なぜ指導がうまくいかないのか
これまでの生徒指導の「考え方」を見直す

2019年1月23日　初版発行

責任編集	吉田順
発行人	安部英行
発行所	学事出版株式会社
	〒101-0021　東京都千代田区外神田2-2-3
	電話　03-3255-5471
	http://www.gakuji.co.jp
編集担当	町田春菜
組版・印刷・製本	精文堂印刷株式会社

落丁・乱丁本はお取り替えします。
© Jun Yoshida et.al.2019
ISBN978-4-7619-2532-1 C3037　Printed in Japan

「違い」がわかる生徒指導
担任・学年主任・生徒指導担当者・管理職・教育委員会指導主事、それぞれの役割

滝澤雅彦・藤平 敦・吉田 順　著
定価（本体1,800円＋税）
● B5判　● 96ページ　● ISBN978-4-7619-2520-8

入門 学校教育相談
知っておくべき基礎基本と実際の対応

嶋﨑政男　著
定価（本体1,800円＋税）
● A5判　● 160ページ　● ISBN978-4-7619-2068-5

三訂版 入門 生徒指導
「いじめ防止対策推進法」「チーム学校」「多様な子どもたちへの対応」まで

片山紀子　著
定価（本体1,800円＋税）
● A5判　● 192ページ　● ISBN978-4-7619-2400-3

ためらわない警察連携が生徒を守る
被害生徒を生まない毅然とした生徒指導

瀬田川聡　著
定価（本体1,500円＋税）
● 四六判　● 160ページ　● ISBN978-4-7619-2139-2